I DO 아이두
재즈
소곡집
조지영 편저
1

KB244417

아름다운음악아름다운인생
아름출판사

차례 Contents

재즈 소곡집 1

비행기

윤석중 작사
외국 곡

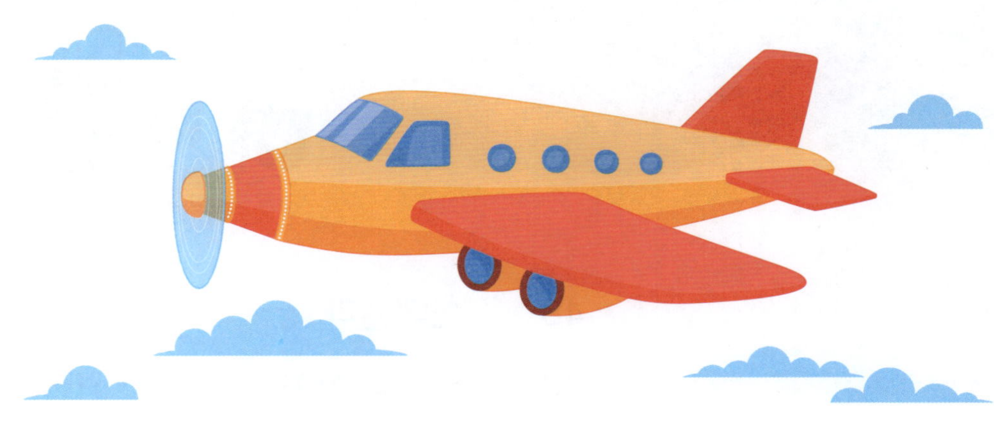

보통 빠르게

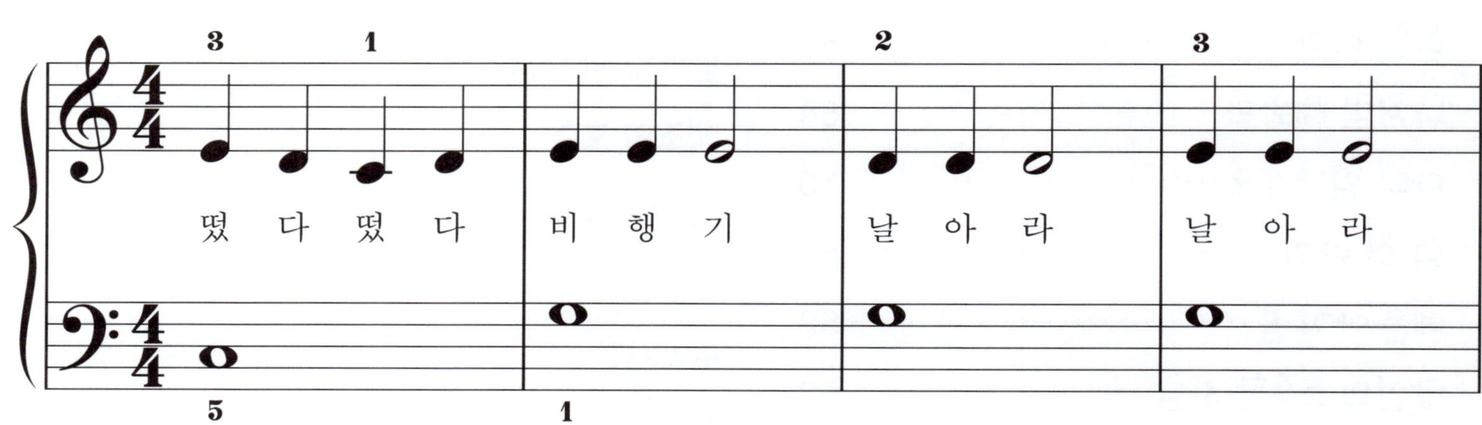
떴 다 떴 다   비 행 기   날 아 라   날 아 라

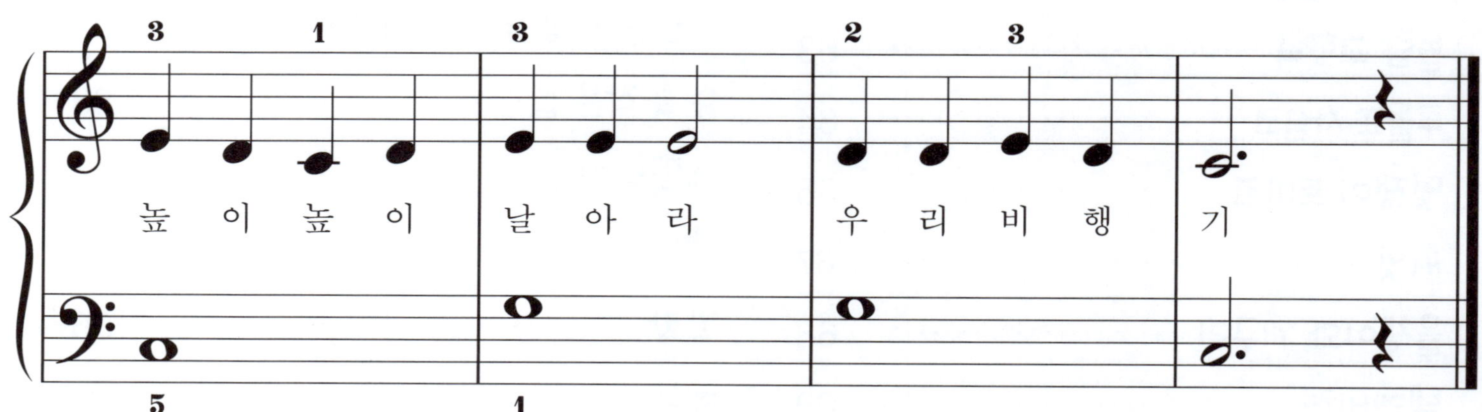
높 이 높 이   날 아 라   우 리 비 행   기

환희의 송가

보통 빠르게
베토벤 작곡

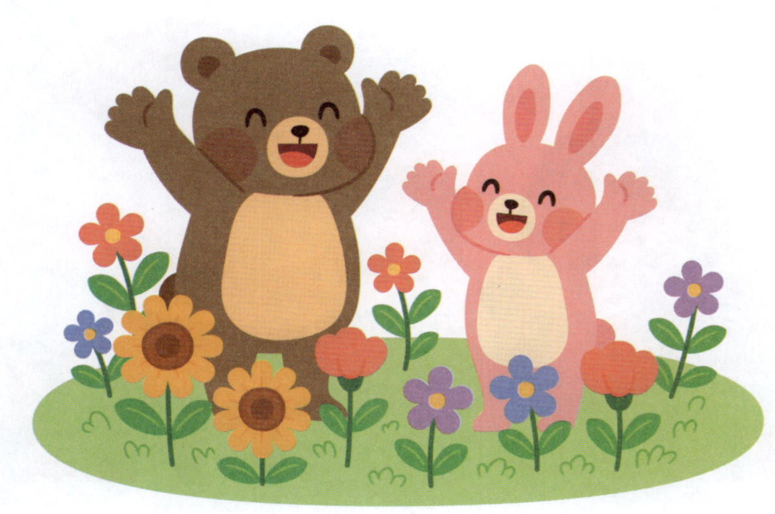

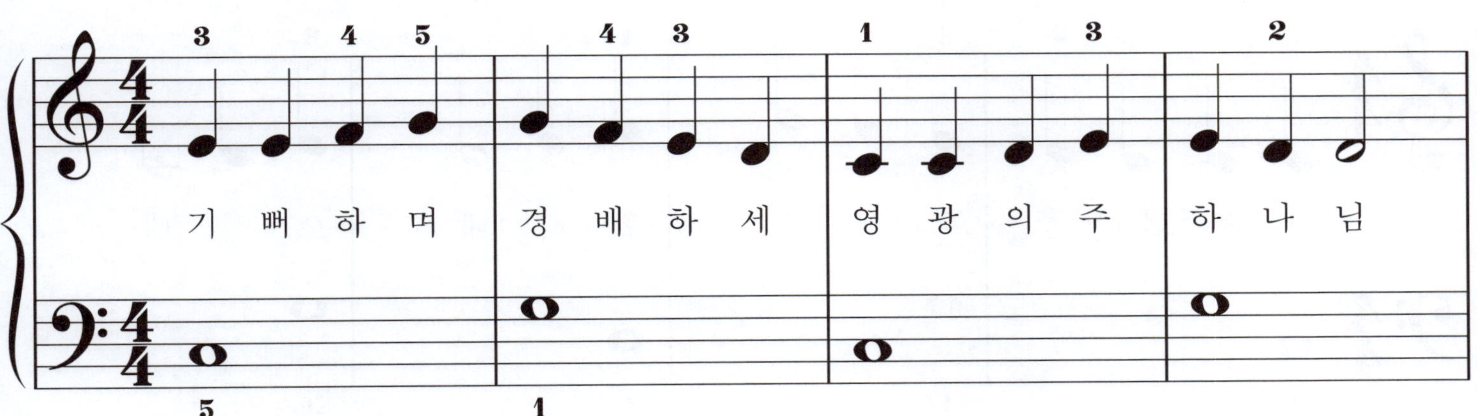

기 뻐 하 며 경 배 하 세 영 광 의 주 하 나 님

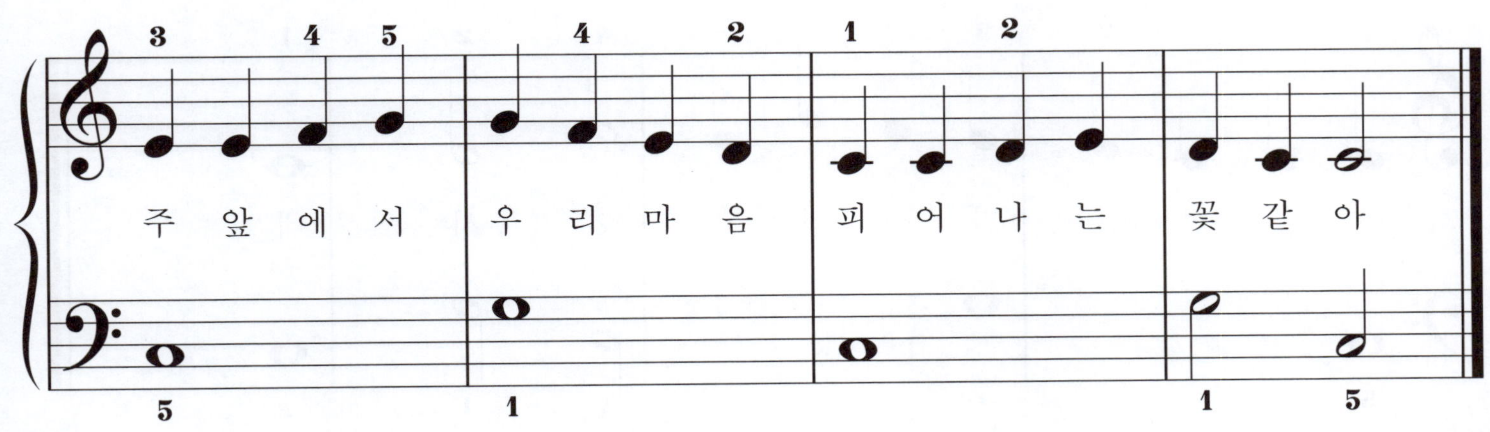

주 앞 에 서 우 리 마 음 피 어 나 는 꽃 같 아

산타클로스 오시네

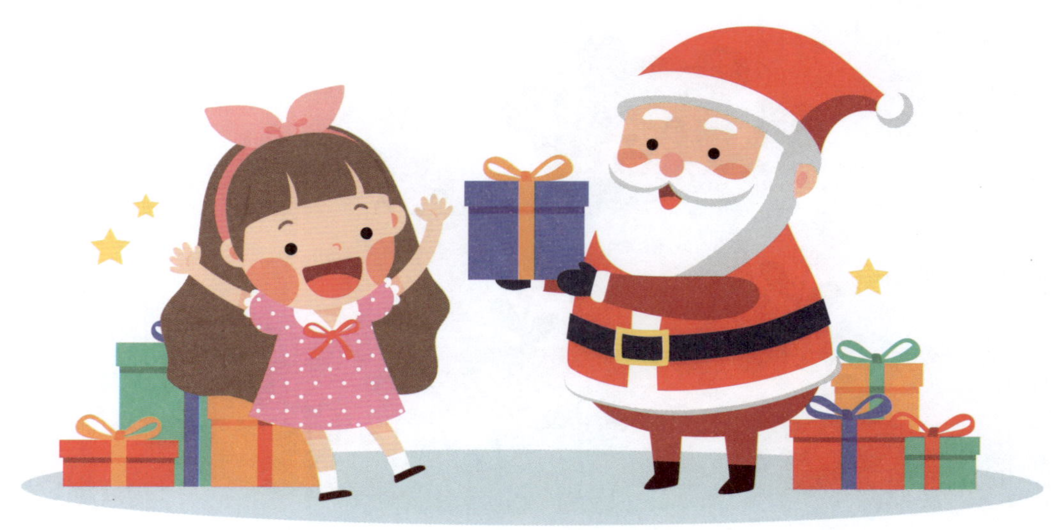

보통 빠르게
외국 곡

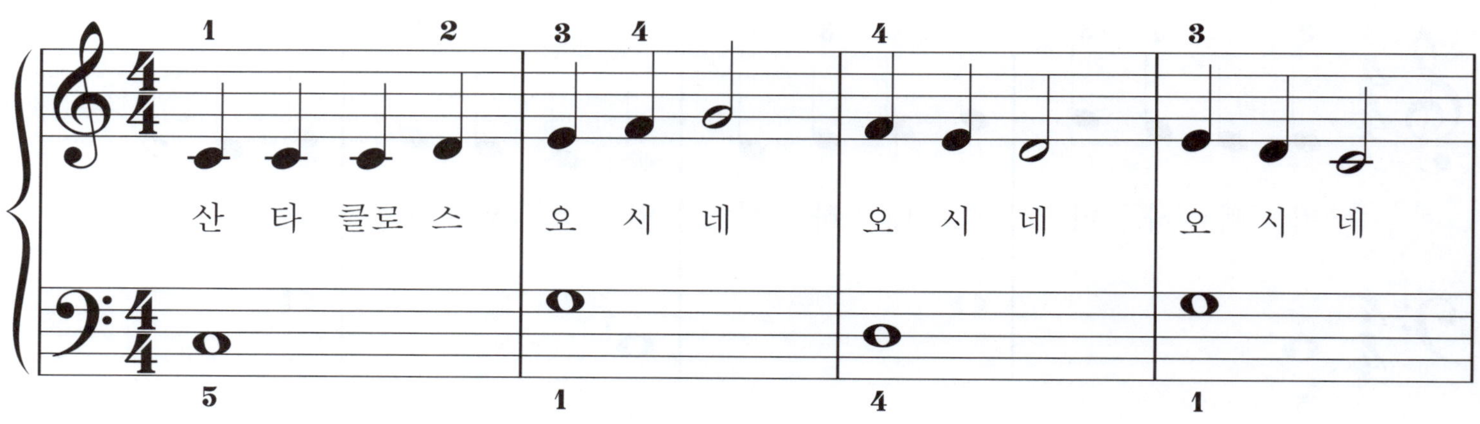
산 타 클로스 오 시 네 오 시 네 오 시 네

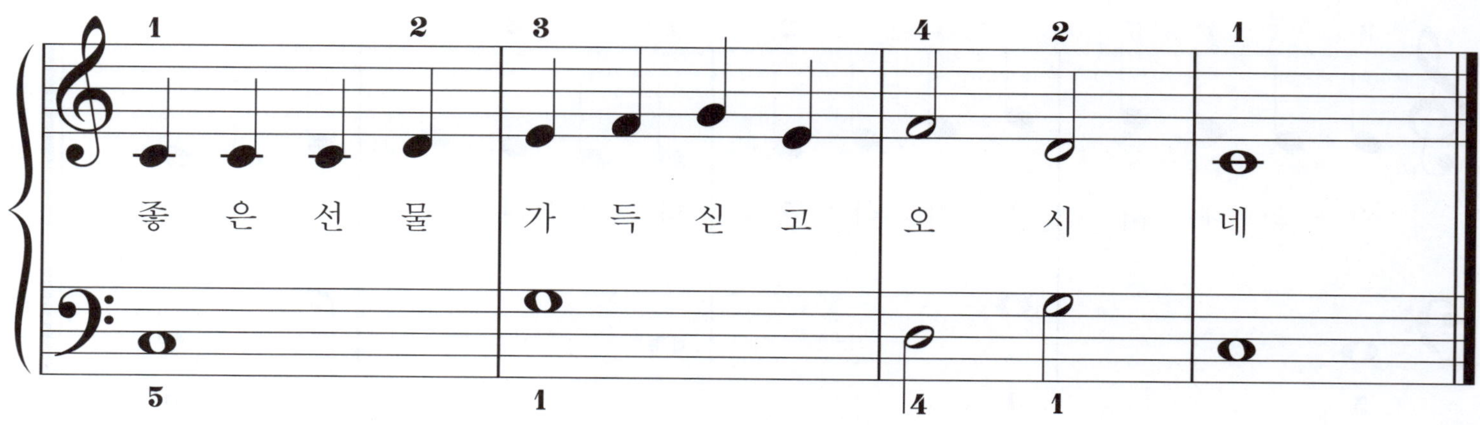
좋 은 선 물 가 득 싣 고 오 시 네

징글벨

보통 빠르게
제임스 피어폰트 작곡

종 소 리 울 려 라 종 소 리 울 려

우 리 썰 매 빨 리 달 려 종 소 리 울 려 라

종 소 리 울 려 라 종 소 리 울 려

기 쁜 노 래 부 르 면 서 빨 리 달 리 자

색칠놀이

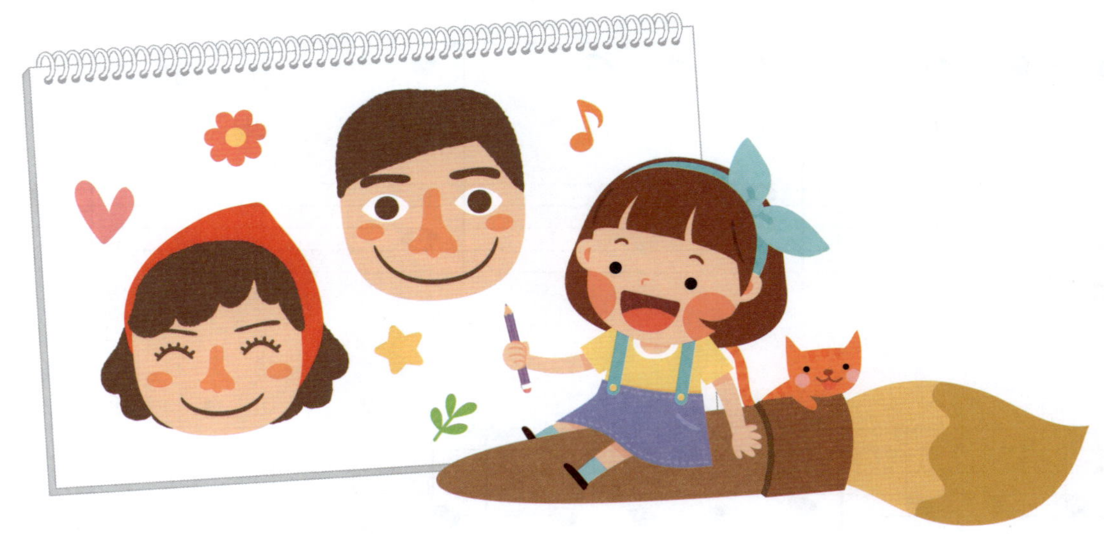

홍윤경 작사
이정림 작곡

보통 빠르게

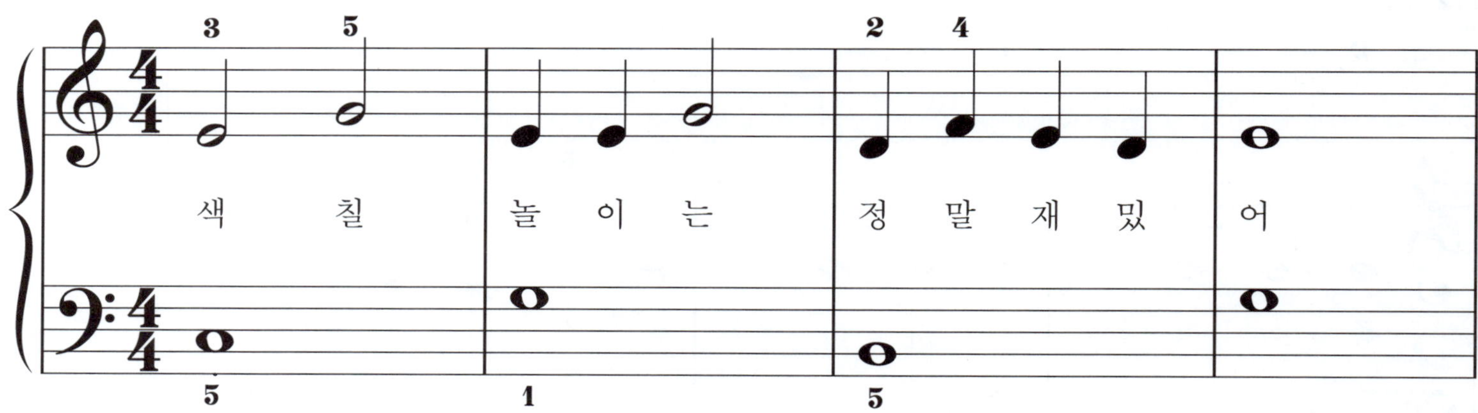
색 칠 놀 이 는 정 말 재밌 어

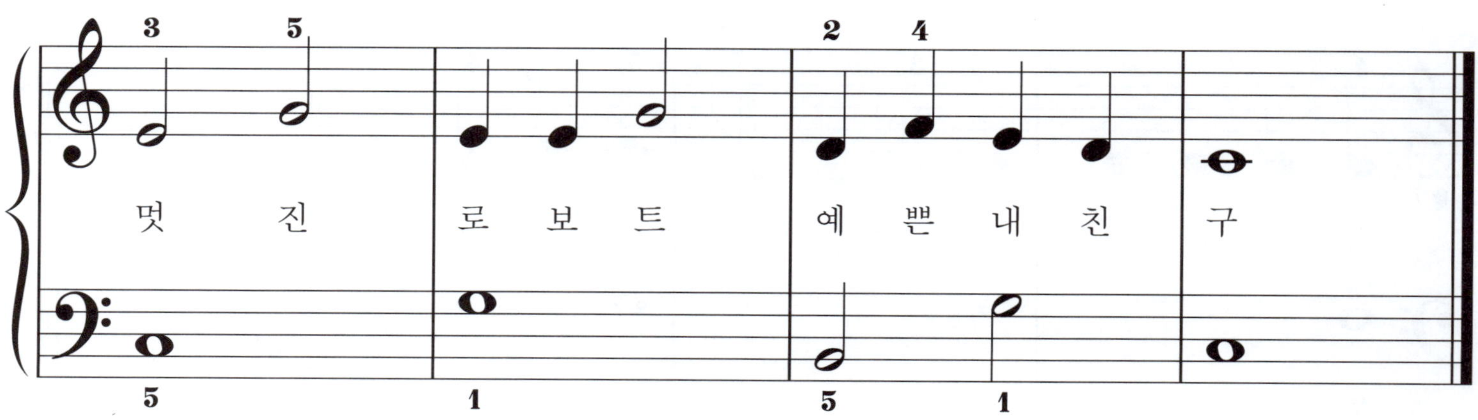
멋 진 로 보 트 예 쁜 내 친 구

바둑이 방울

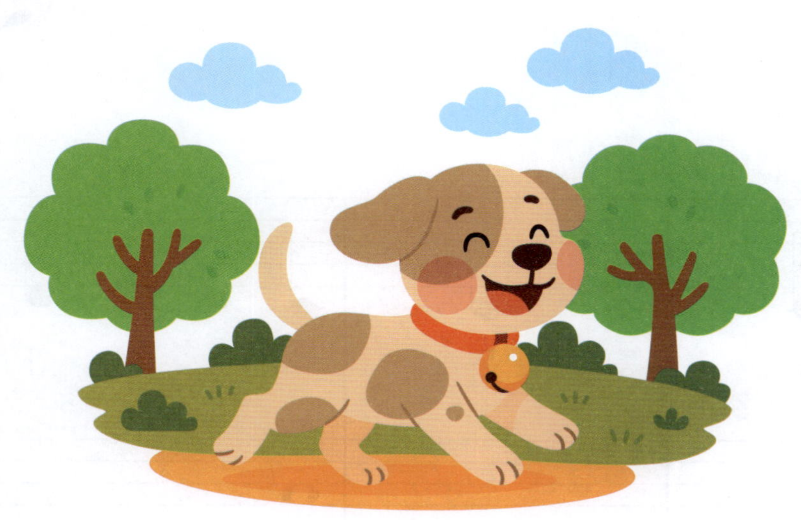

김규환 작사
김규환 작곡

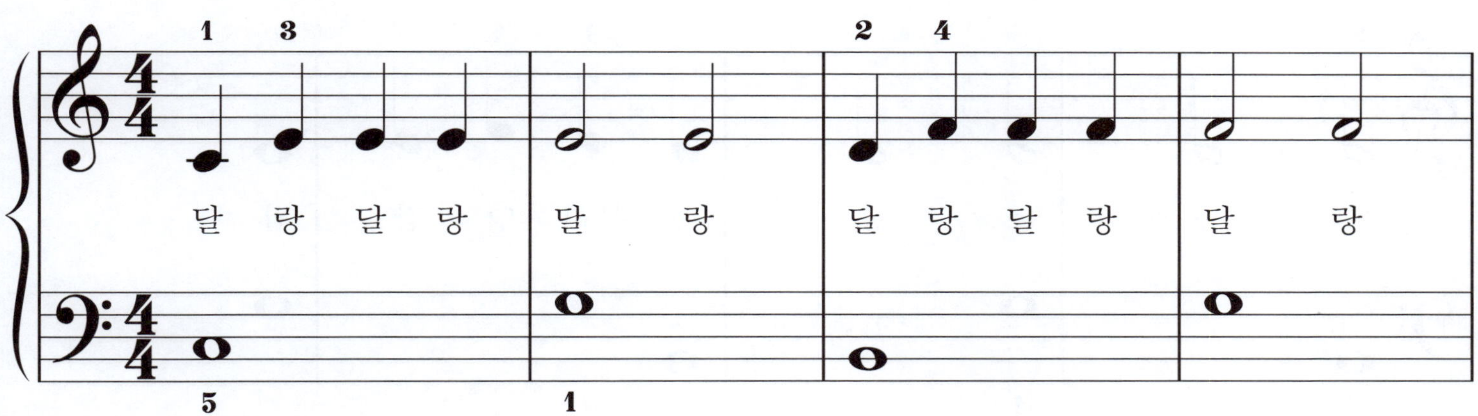
보통 빠르게
달 랑 달 랑
달 랑
달 랑 달 랑
달 랑

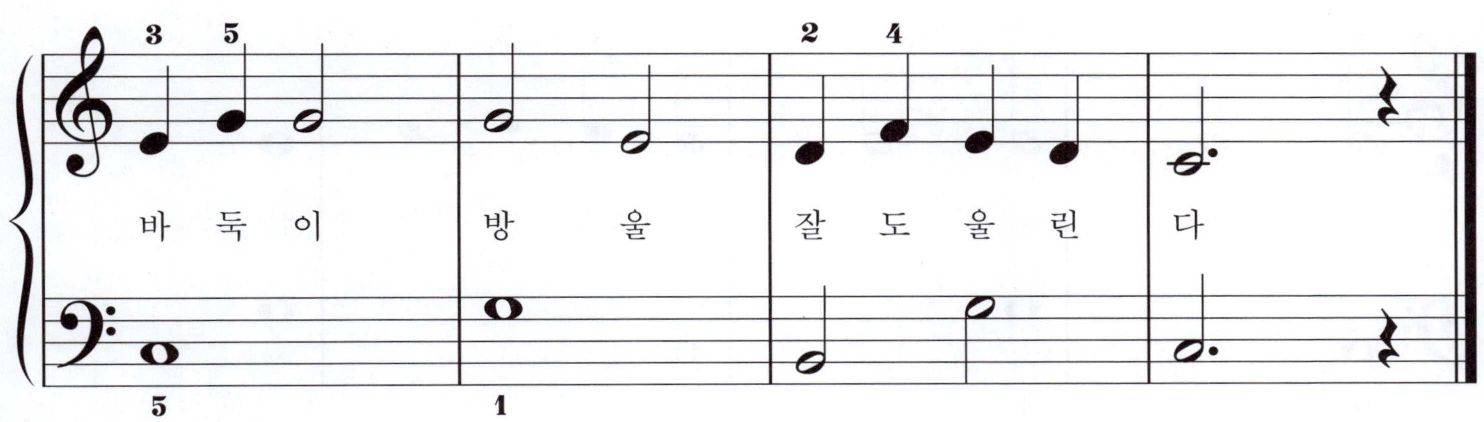
바 둑 이
방 울
잘 도 울 린
다

통통통통

보통 빠르게

작자 미상

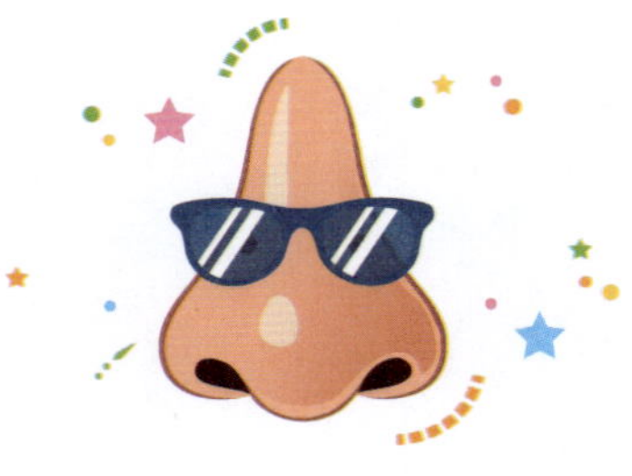

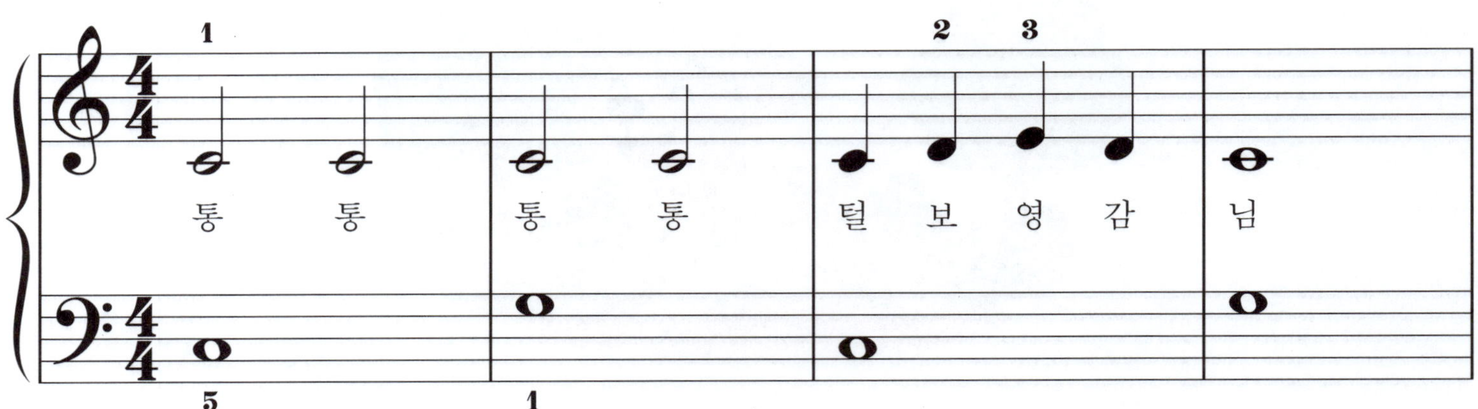

통 통 통 통 털 보 영 감 님

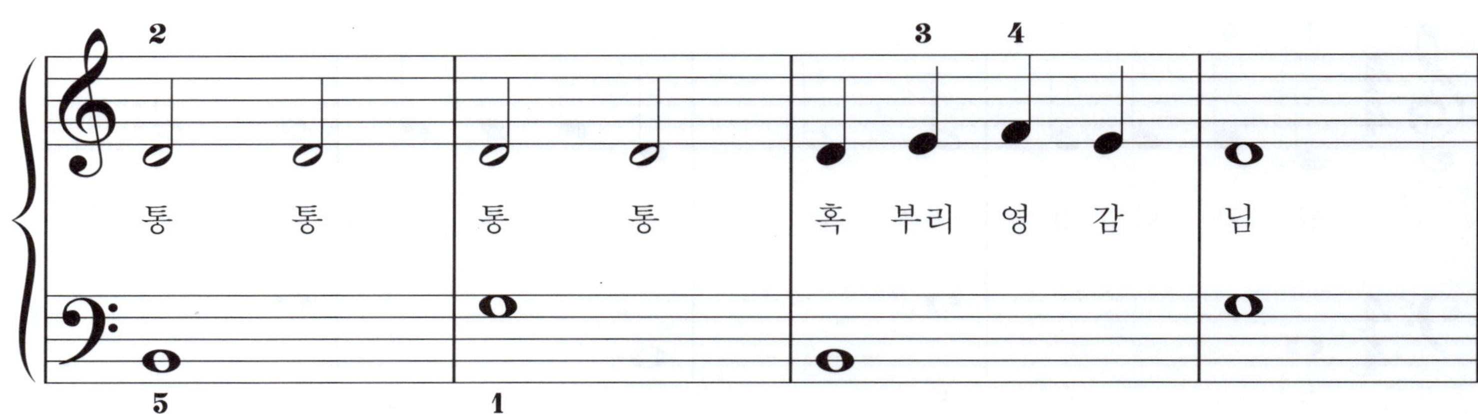

통 통 통 통 혹 부리 영 감 님

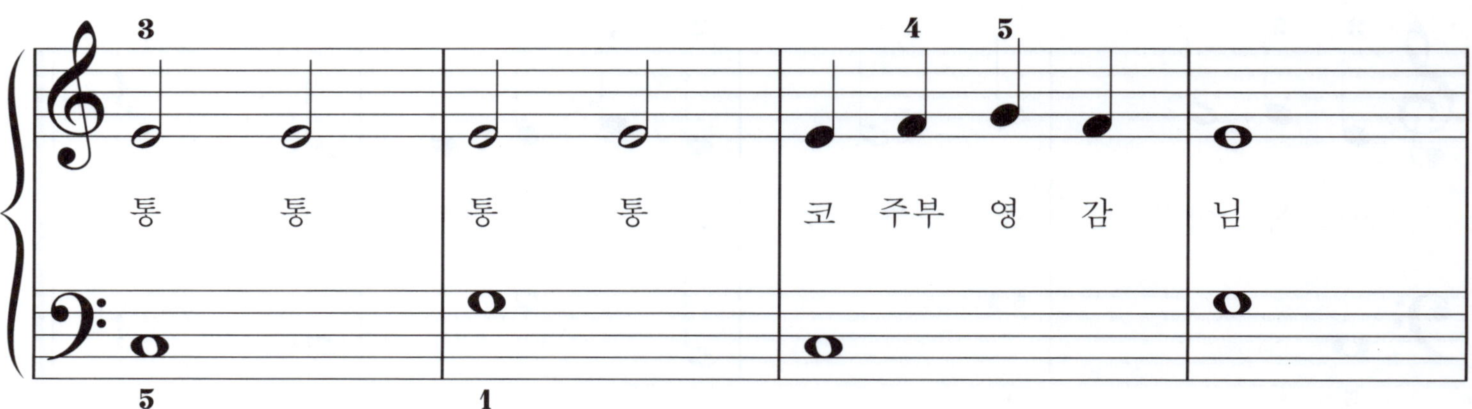

통 통 통 통 코 주부 영 감 님

통 통 통 통 안 경 영 감 님

통 통 통 통 손 을 위 — 로

팔 랑 팔 랑 팔 랑 팔 랑 손 을 무 릎 에

또 만나요

오세은 작사
오세은 작곡

보통 빠르게

이 제 는 우 리 가 헤 어 져 야 할 시 간

다 음 에 또 만 나 요 -

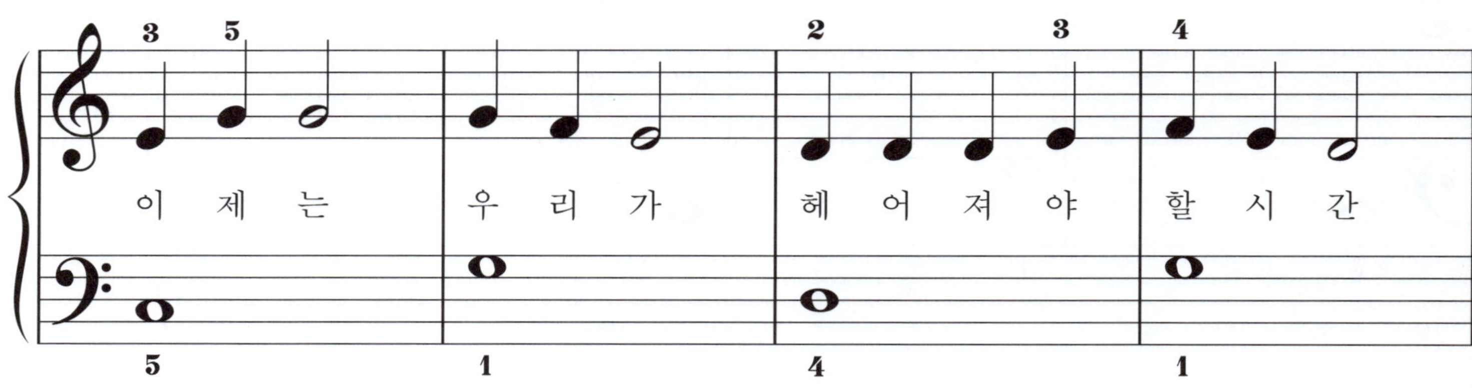
이 제 는 우 리 가 헤 어 져 야 할 시 간

다 음 에 또 만 나 요 -

나비야

보통 빠르게
독일 민요

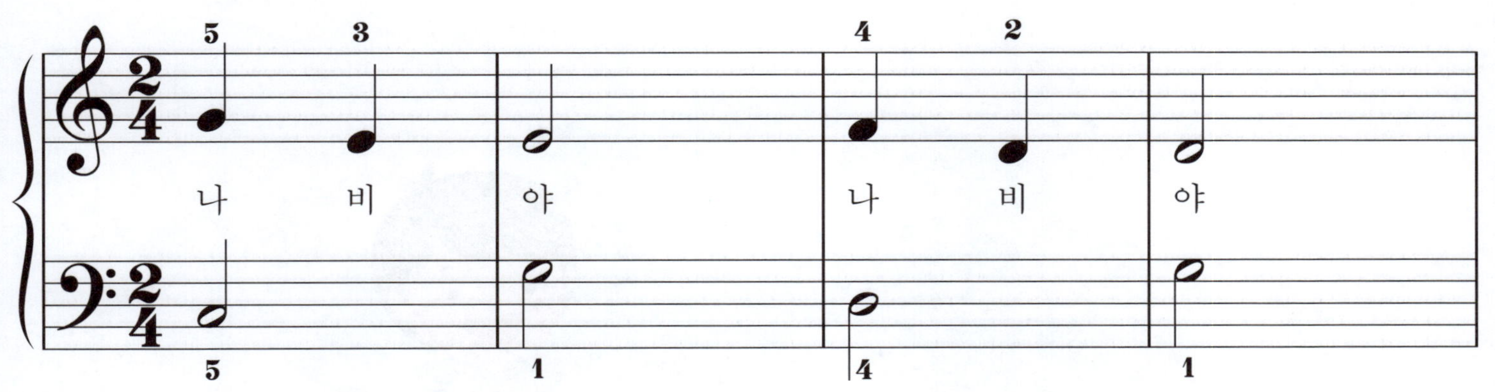
나 비 야 나 비 야

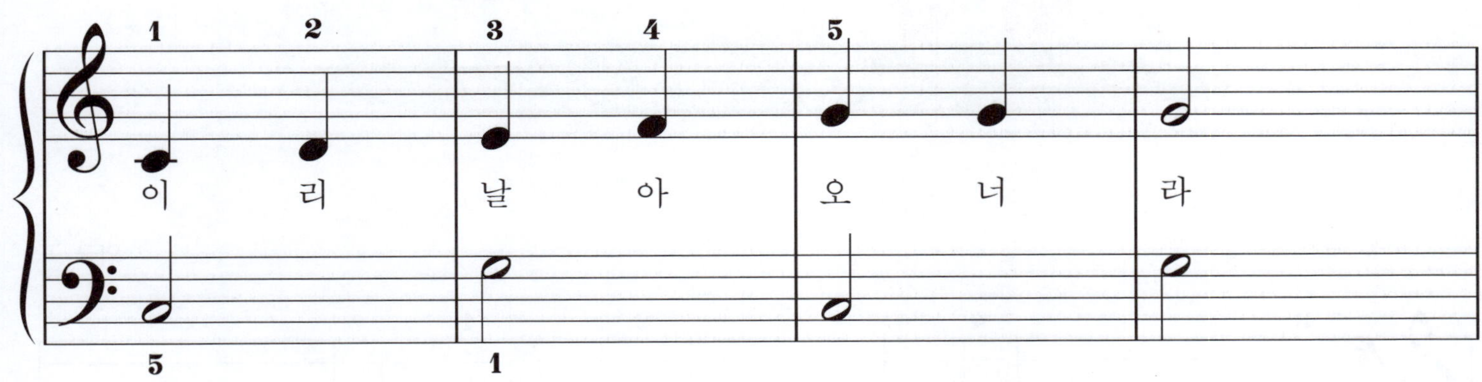
이 리 날 아 오 너 라

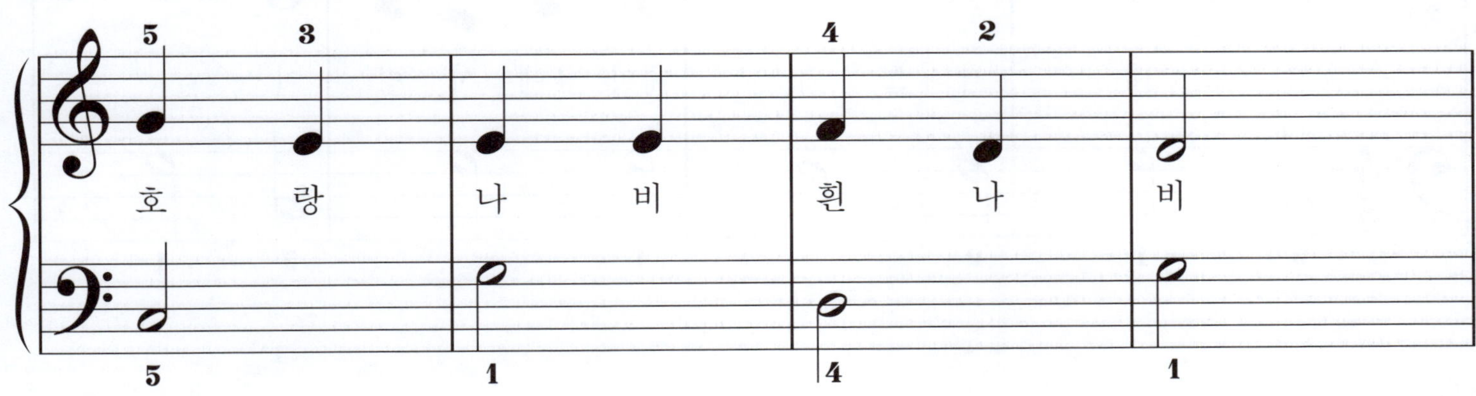
호 랑 나 비 흰 나 비

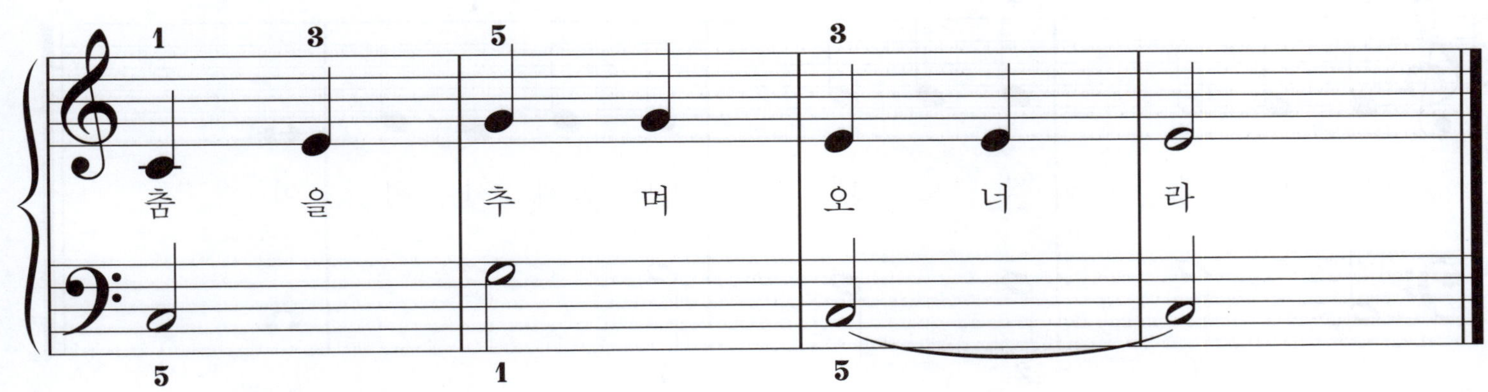
춤 을 추 며 오 너 라

싹트네

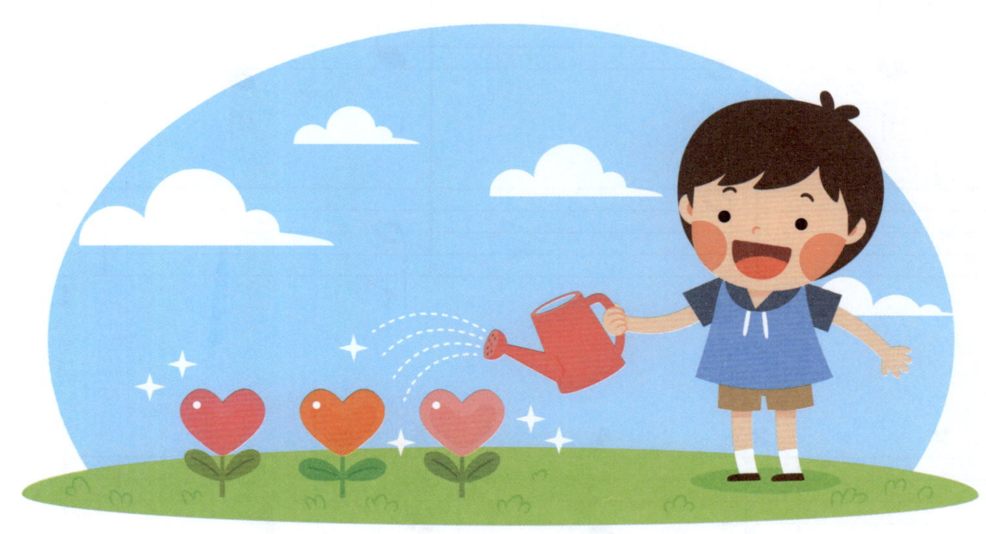

보통 빠르게
외국 곡

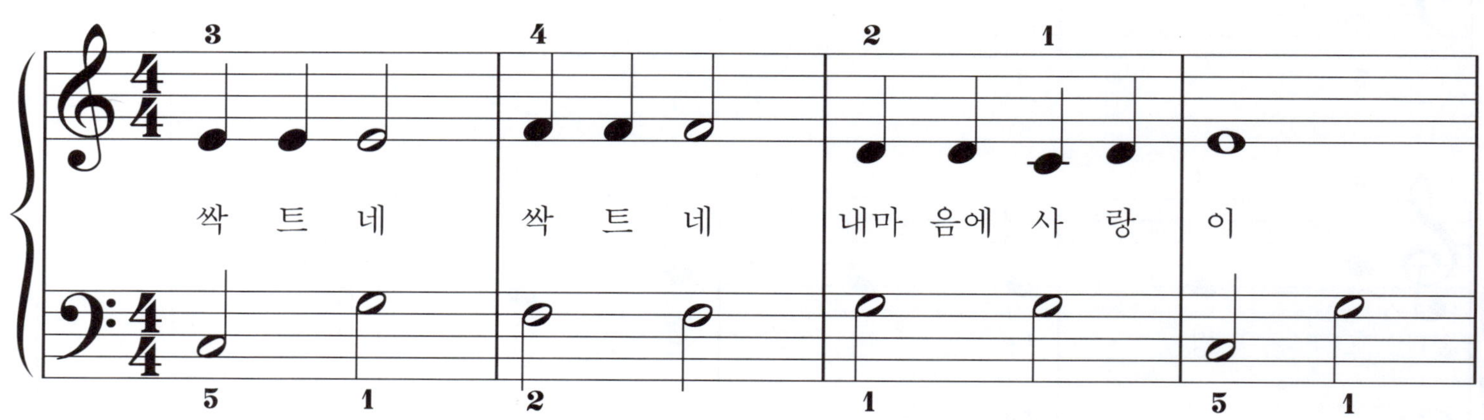

싹 트 네   싹 트 네   내마 음에 사 랑   이

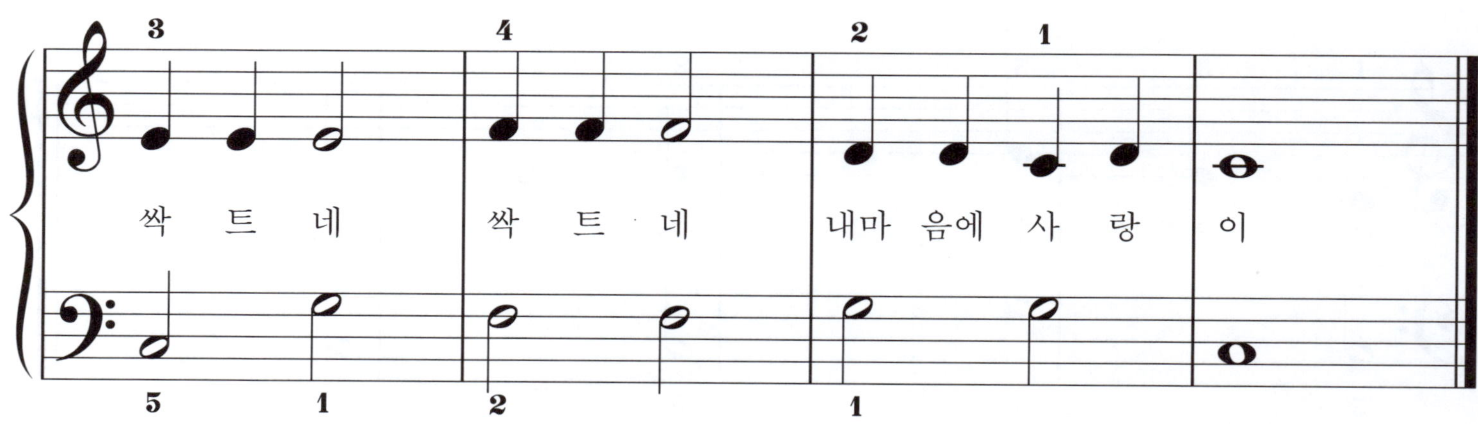

싹 트 네   싹 트 네   내마 음에 사 랑   이

달

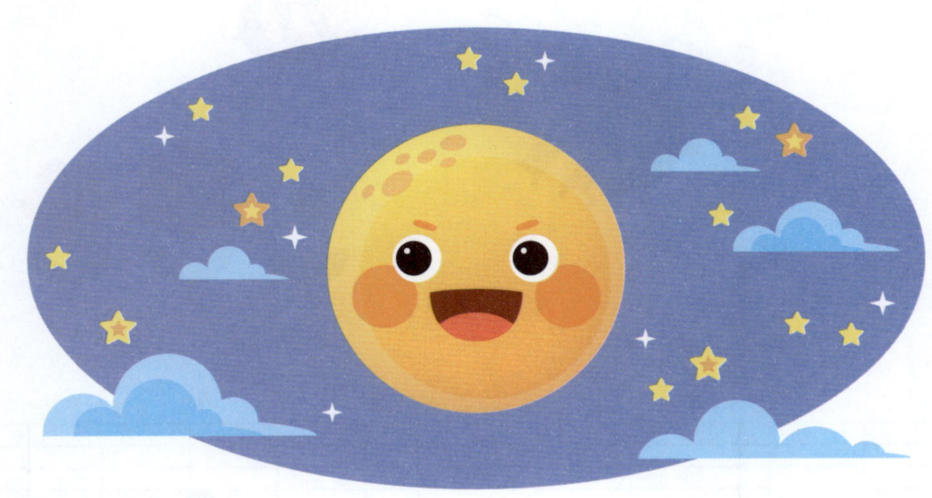

윤석중 작사
권길상 작곡

보통 빠르게

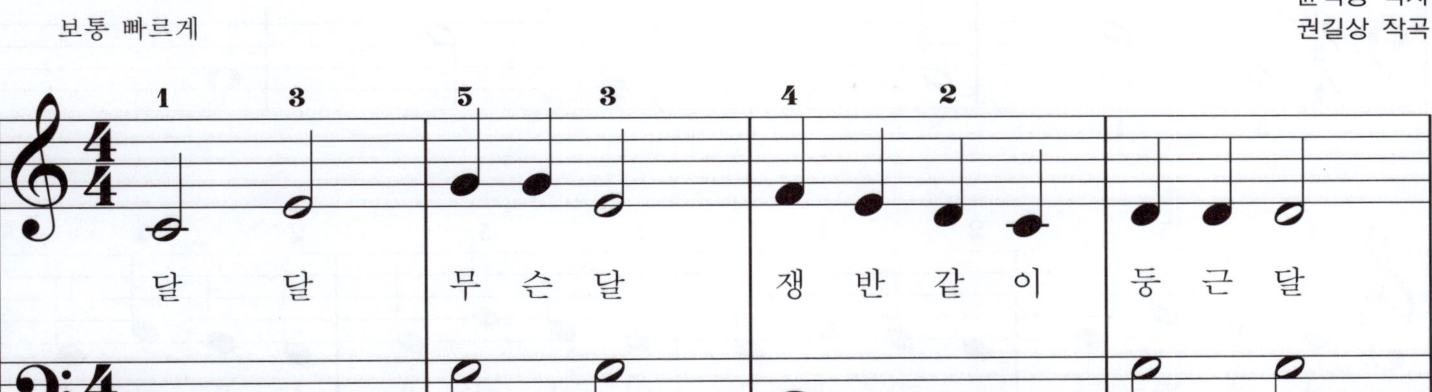
달 달 무 슨 달 쟁 반 같 이 둥 근 달

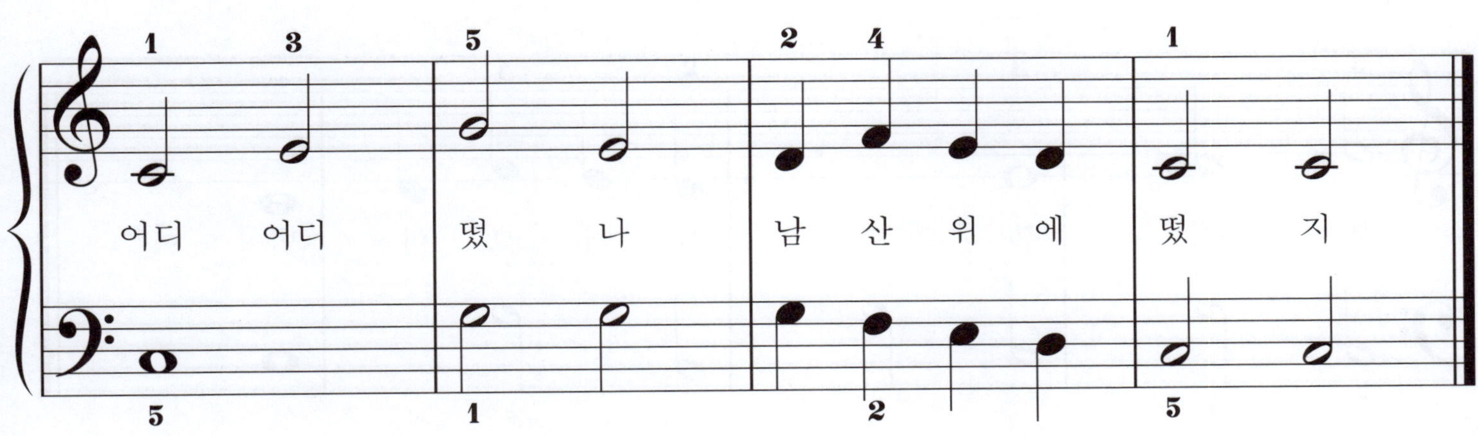
어 디 어 디 떴 나 남 산 위 에 떴 지

꼬마 벌

보통 빠르게
독일 민요

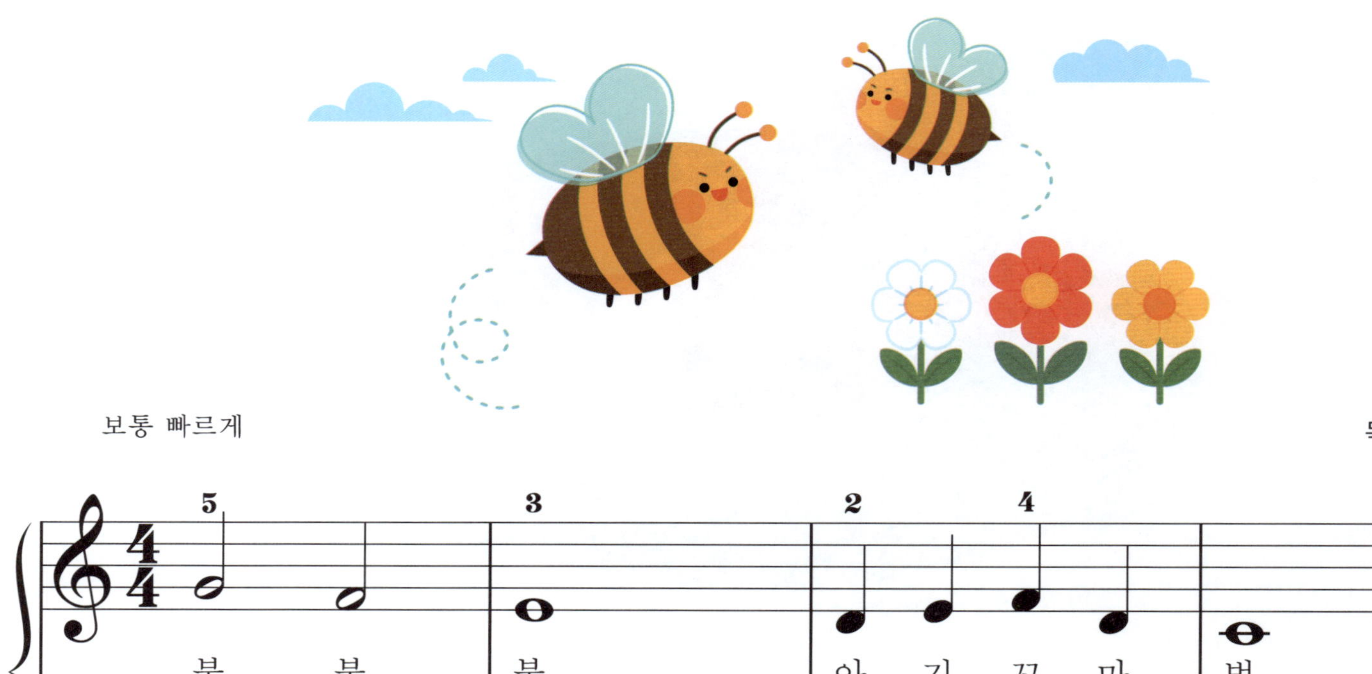

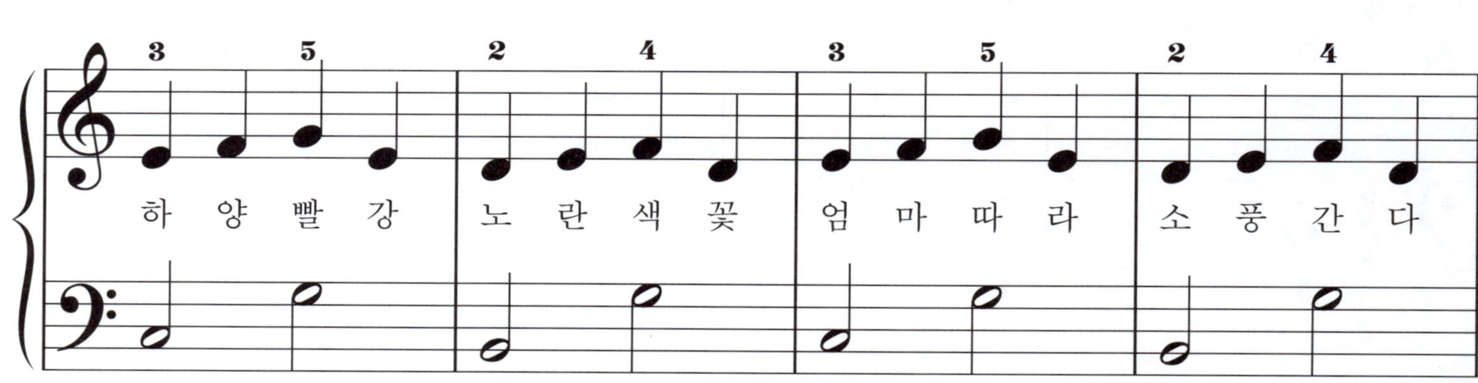

붕 붕 붕 아 기 꼬 마 벌
하 양 빨 강 노 란 색 꽃 엄 마 따 라 소 풍 간 다

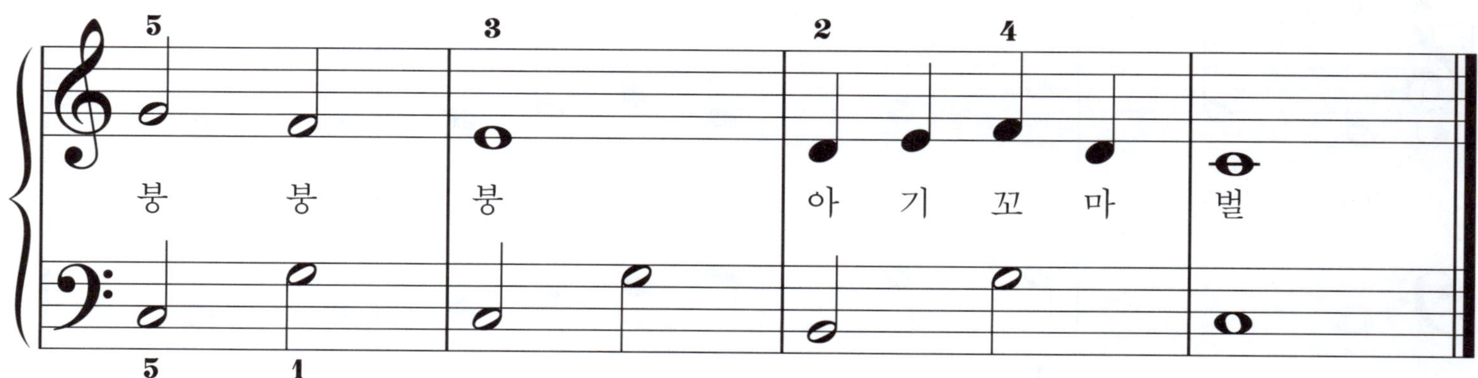

붕 붕 붕 아 기 꼬 마 벌

수박 파티

김영광 작사
오상철 작곡

보통 빠르게

커 다 란
수 박 하 나
잘 익 었 나
통 통 통

단 숨 에
쪼 개 니
속 이 보 이
네

몇 번 더
쪼 갠 후 에
너 도 나 도
들 고 서

우 리 모 두
하 모 니 카
신 나 게
불 어 요

기차놀이

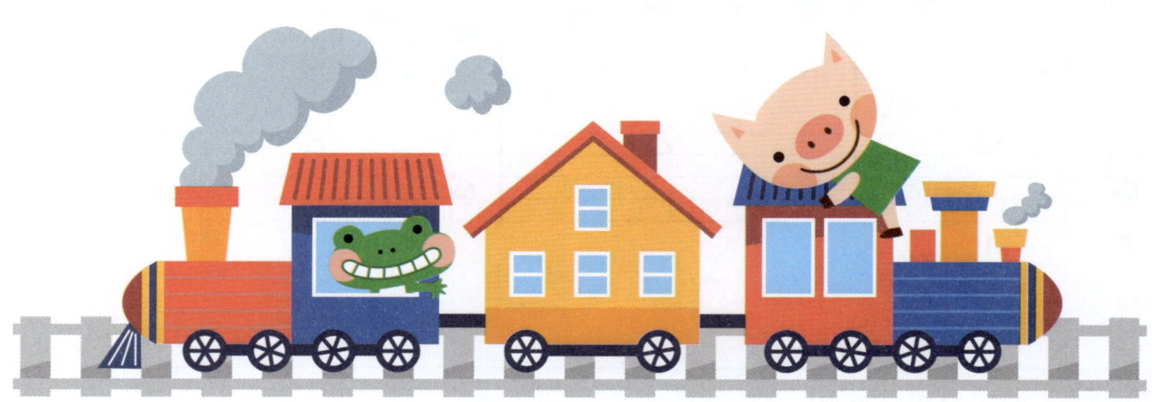

보통 빠르게

작자 미상

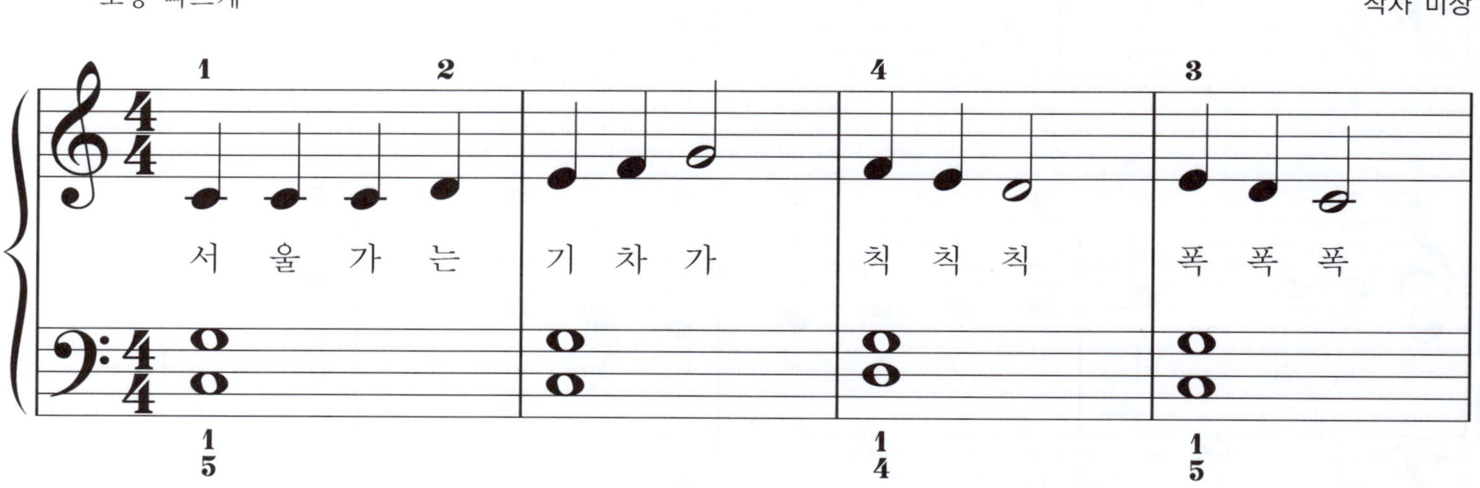

서 울 가 는   기 차 가   칙 칙 칙   폭 폭 폭

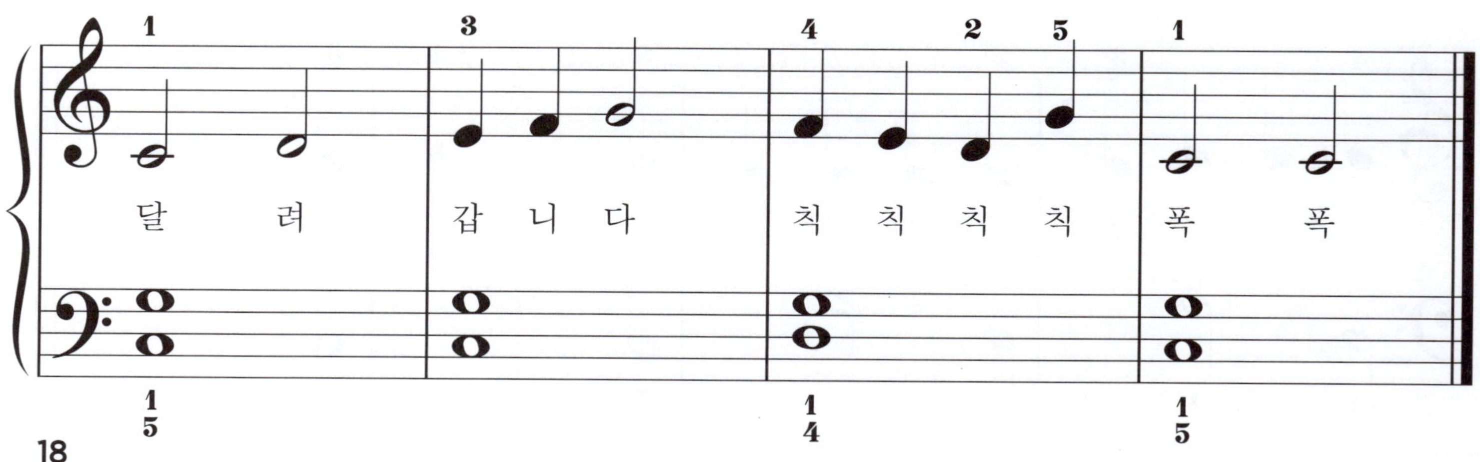

달 려   갑 니 다   칙 칙 칙 칙   폭   폭

모두 제자리

김성균 작사
김성균 작곡

보통 빠르게

모 두 제 자 리
모 두 제 자 리
모 두 모 두
제 자 리 －
모 두 제 자 리
모 두 제 자 리
모 두 모 두
제 자 리 －

아침

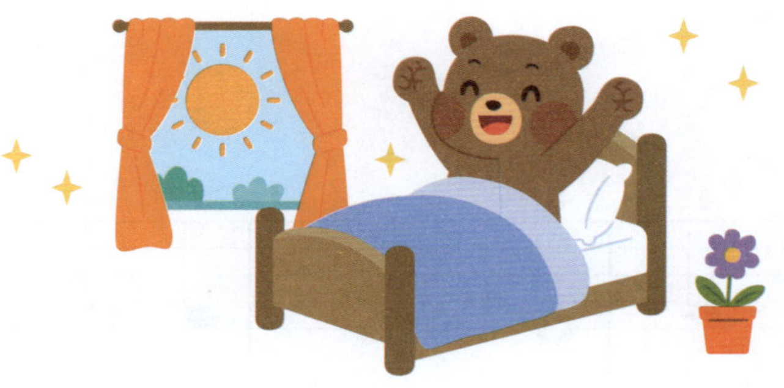

박경종 작사
외국 곡

보통 빠르게

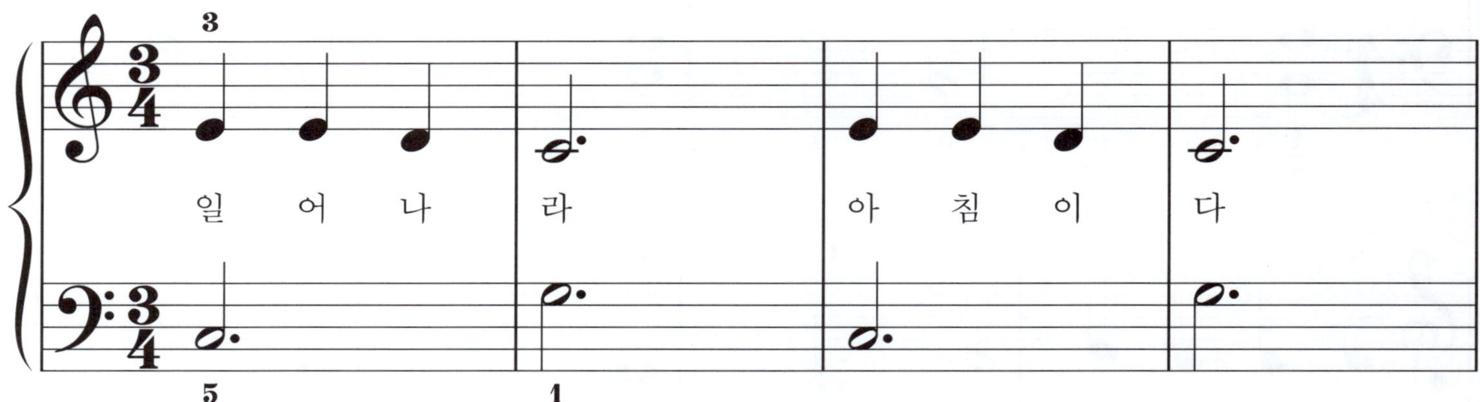
일 어 나 라
아 침 이 다

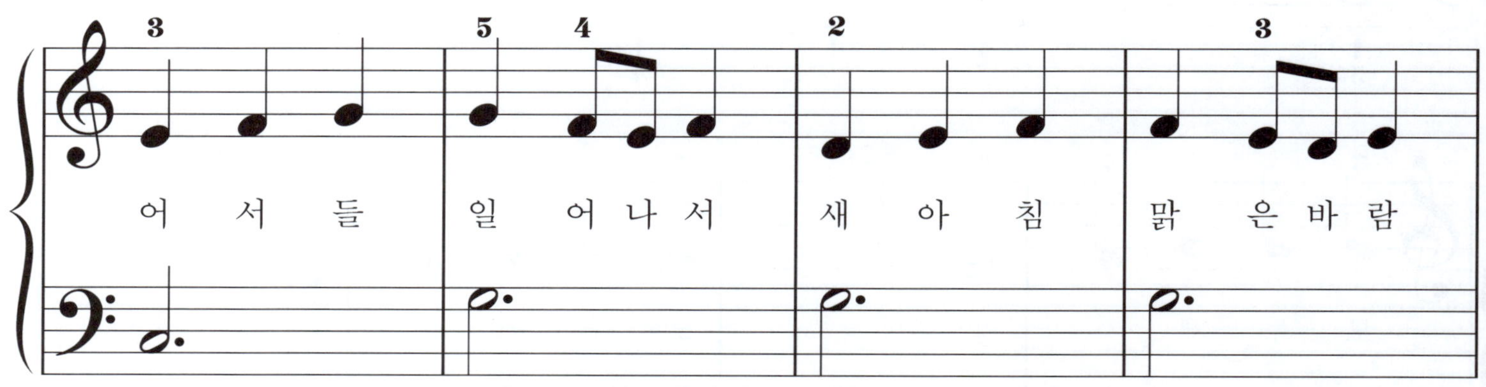
어 서 들
일 어 나 서
새 아 침
맑 은 바 람

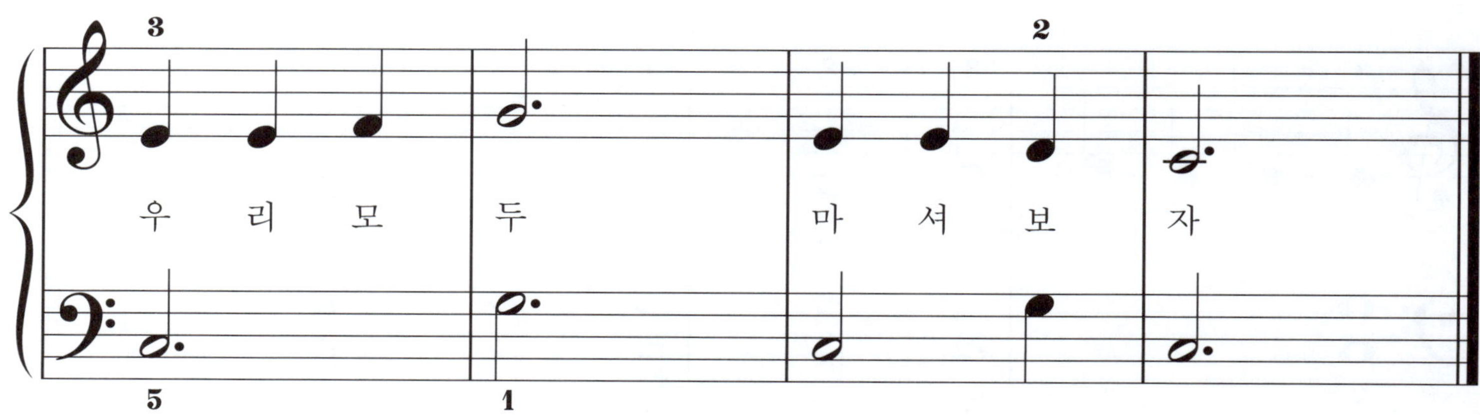
우 리 모 두
마 셔 보 자

독도는 우리 땅

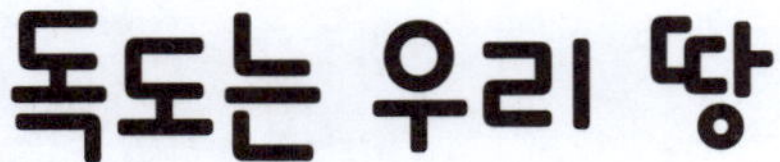

박문영 작사
박문영 작곡

보통 빠르게

울 릉 도 동 남 쪽
뱃 길 따 라 이 백 리
외 로 운 섬 하 나

새 들 의 고 향
그 누 가 아 무 리
자 기 네 땅 이 라 우 겨 도

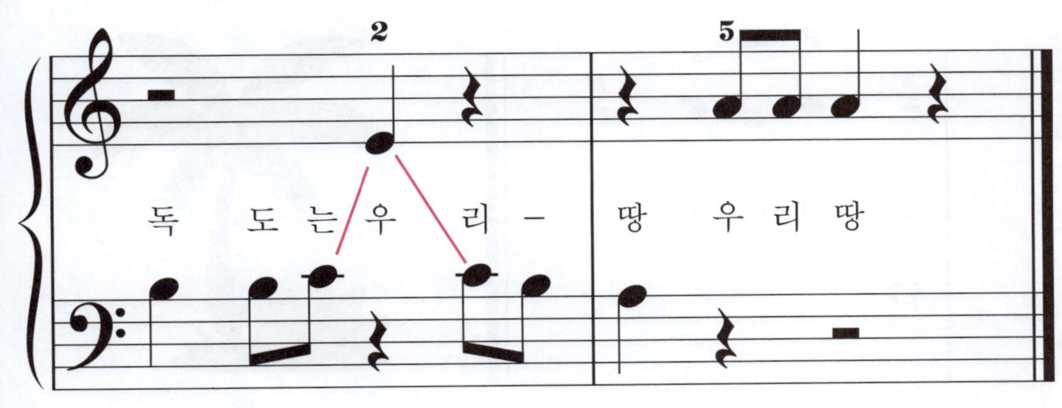
독 도 는 우 리 - 땅 우 리 땅

악어 떼

이요섭 작사
이요섭 작곡

보통 빠르게

정 글 숲 을
지 나 서 가 자
엉 금 엉 금

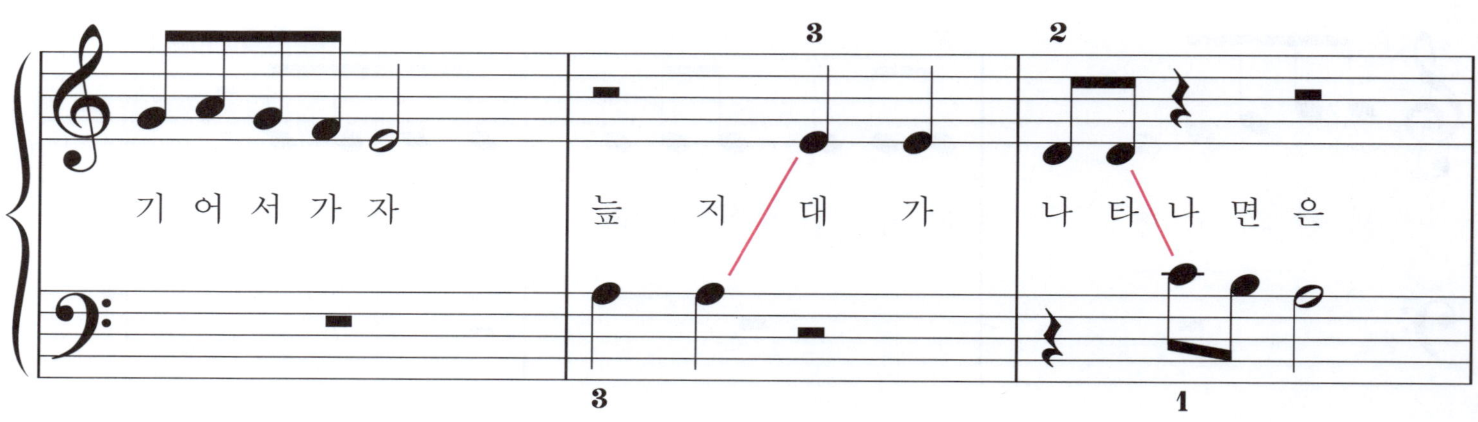
기 어 서 가 자
늪 지 대 가
나 타 나 면 은

악 어 떼 가 나 올
라 악 어 떼

곰 세 마리

보통 빠르게

작자 미상

곰 세 마리 가
한 집에있 어
아 빠곰 엄마곰
애 기 곰

아 빠 곰 은
뚱 뚱 해
엄 마 곰 은
날 씬 해

애 기 곰 은
너무 귀 여 워
으 쓱 으 쓱
잘 한 다

잉잉잉

김성균 작사
김성균 작곡

보통 빠르게

고추 밭에 고 추 는 뾰 족 한 고 추
빨간 고 추 초록 고 추 모두 뾰 족 해 댕글 댕 글 사 과 가

놀 러 왔다 가 아야 아야 따가 워 서 잉 잉 잉

당신은 누구십니까

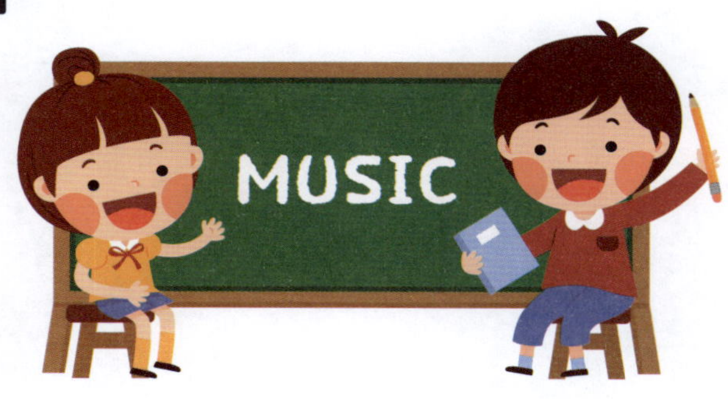

MUSIC

보통 빠르게
외국 곡

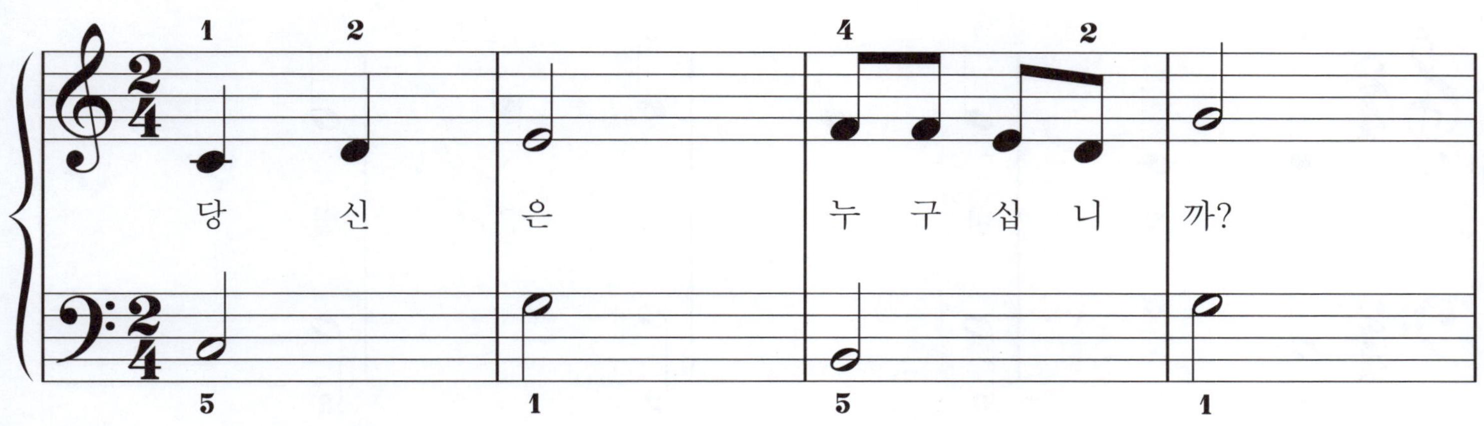

당 신 은 누 구 십 니 까?

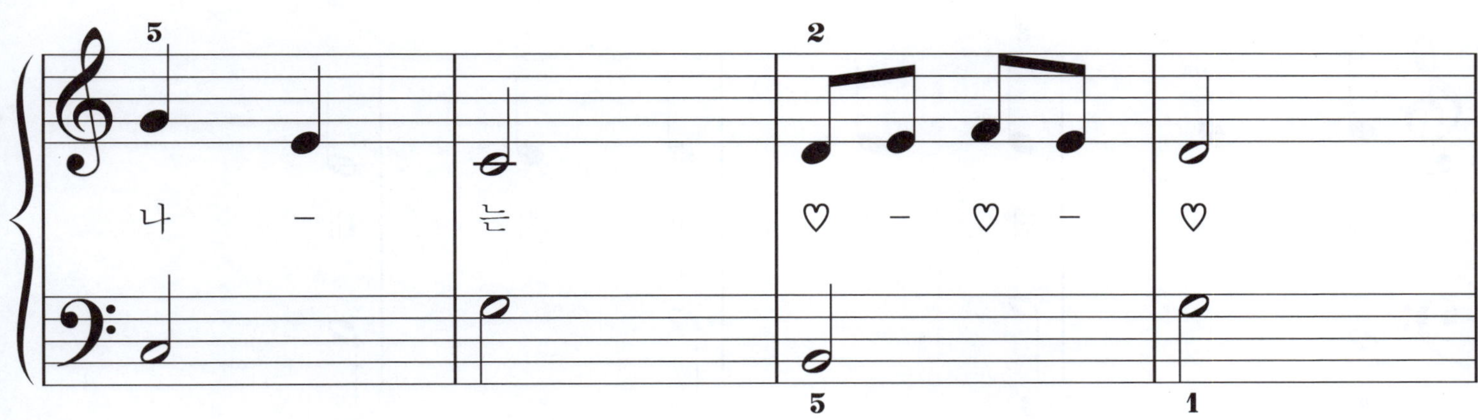

나 — 는 ♡ — ♡ — ♡

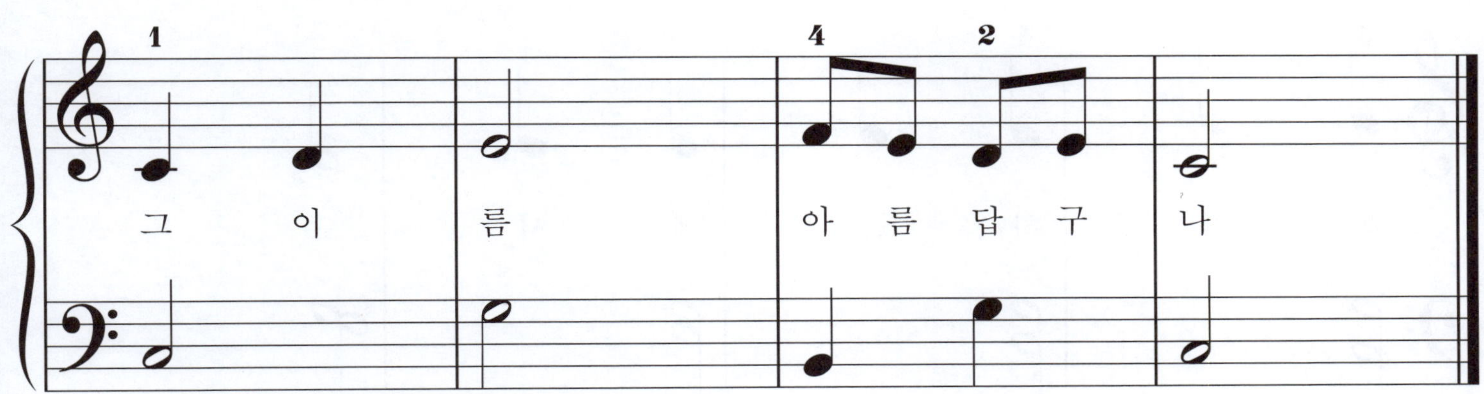

그 이 름 아 름 답 구 나

작은 별

윤석중 작사
모차르트 작곡

보통 빠르게

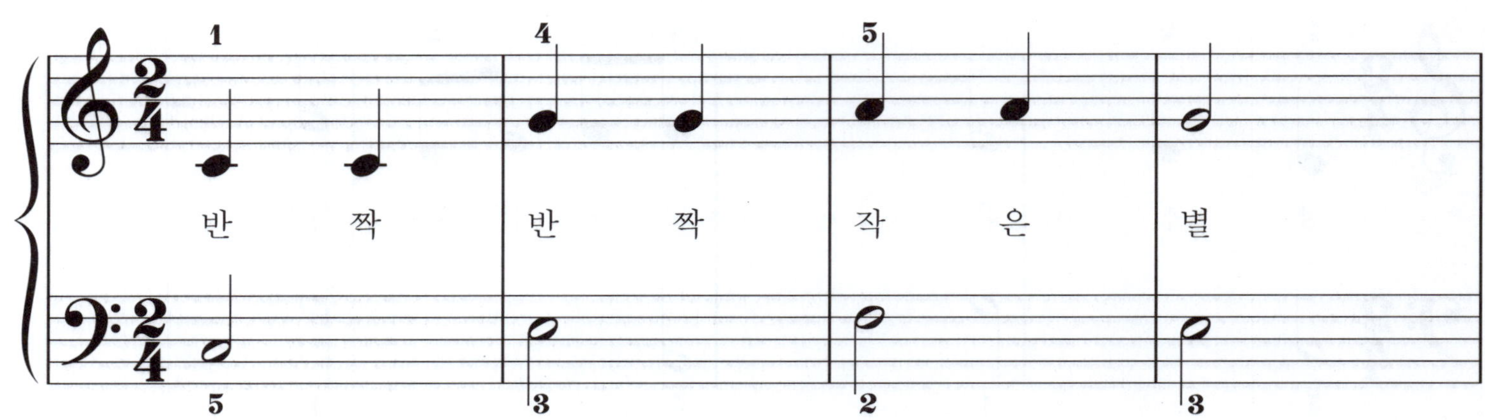
반 짝 반 짝 작 은 별

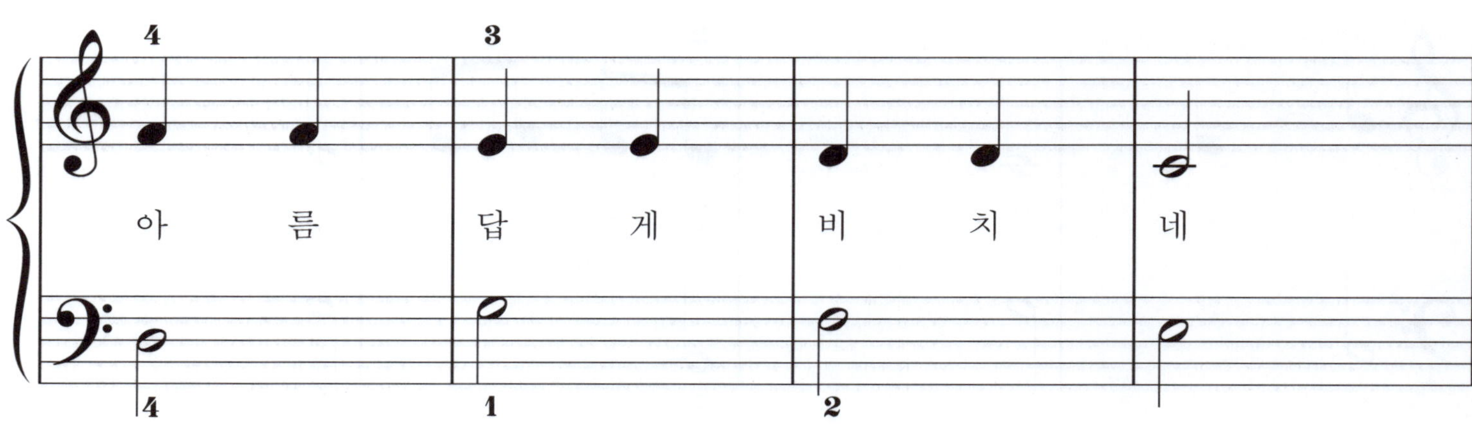
아 름 답 게 비 치 네

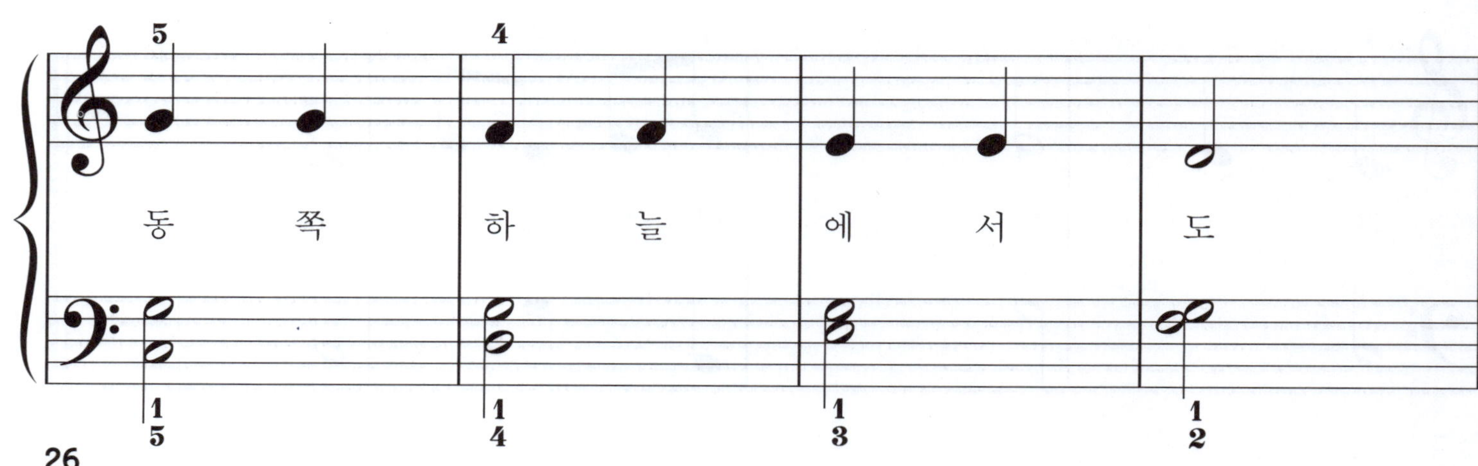
동 쪽 하 늘 에 서 도

서 쪽 하 늘 에 서 도
반 짝 반 짝 작 은 별
아 름 답 게 비 치 네

다섯 글자 예쁜 말

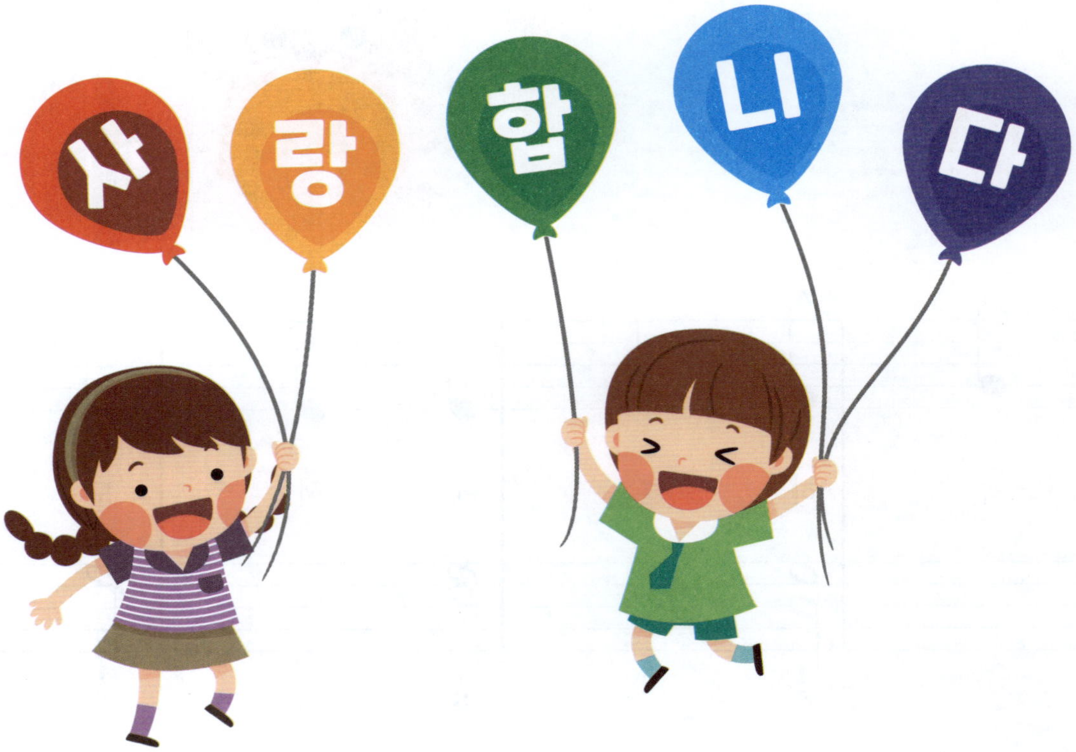

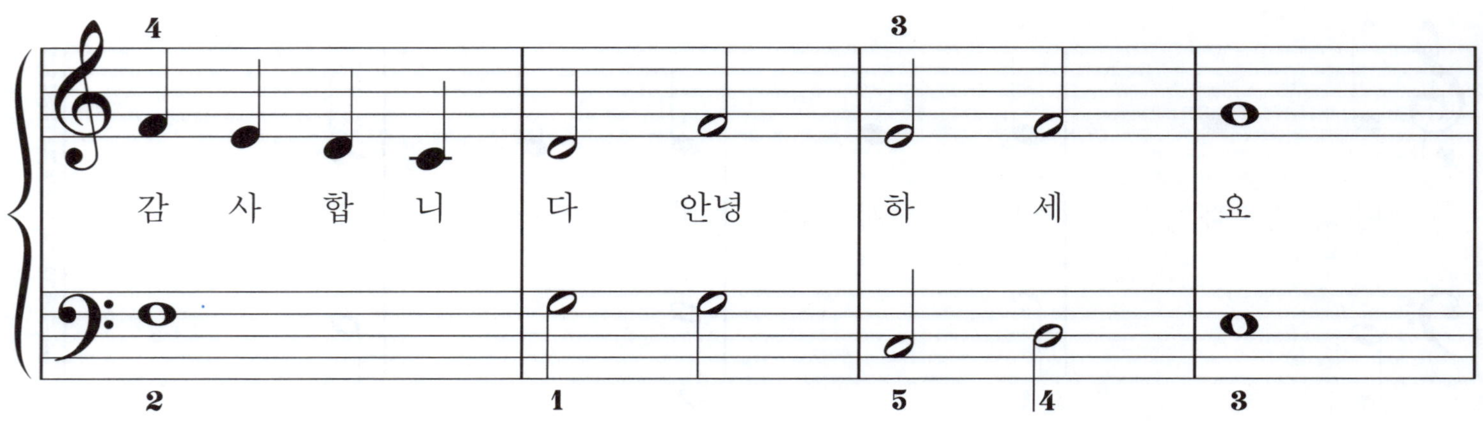
사
랑
합
니
다

정수은 작사
임수연 작곡

보통 빠르게

사 랑 합 니 다
고 맙 습 니 다
감 사 합 니 다 안녕 하 세 요

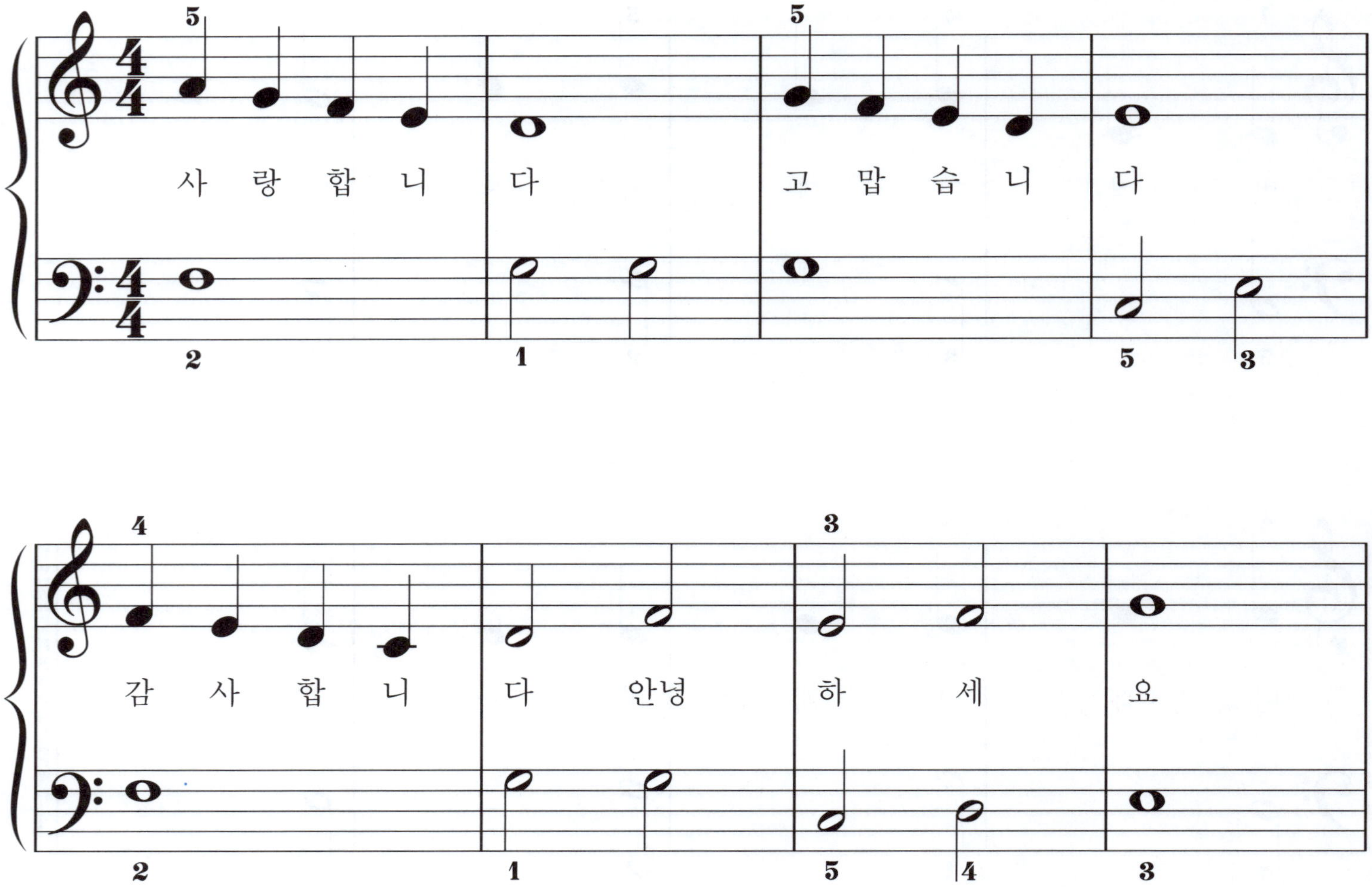

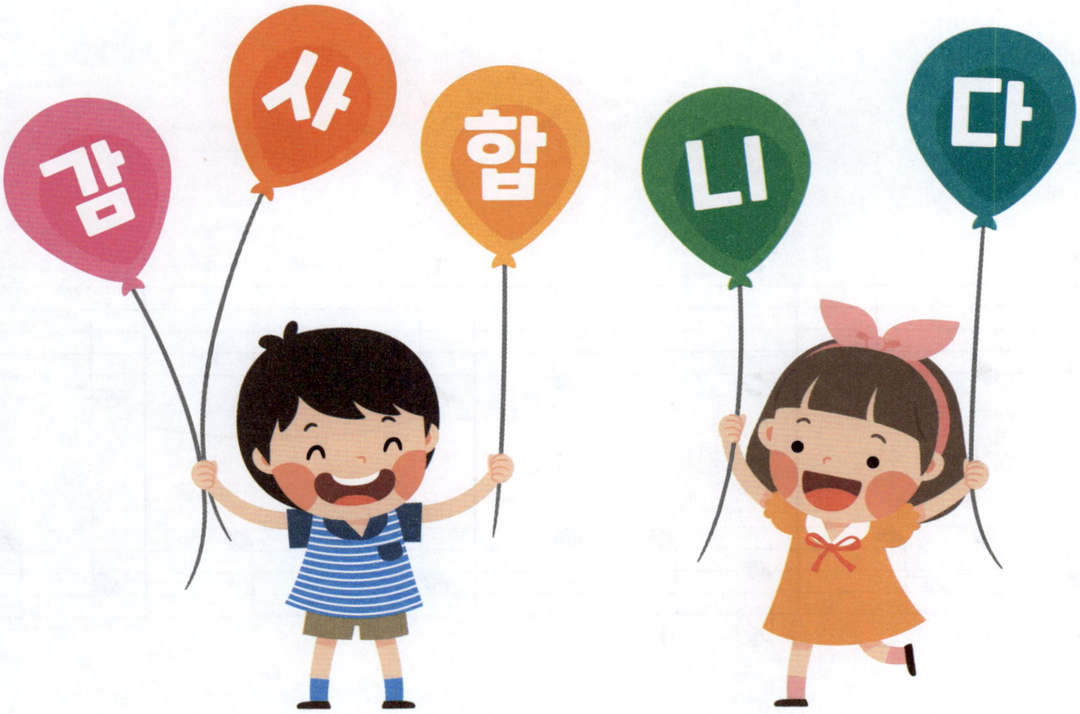

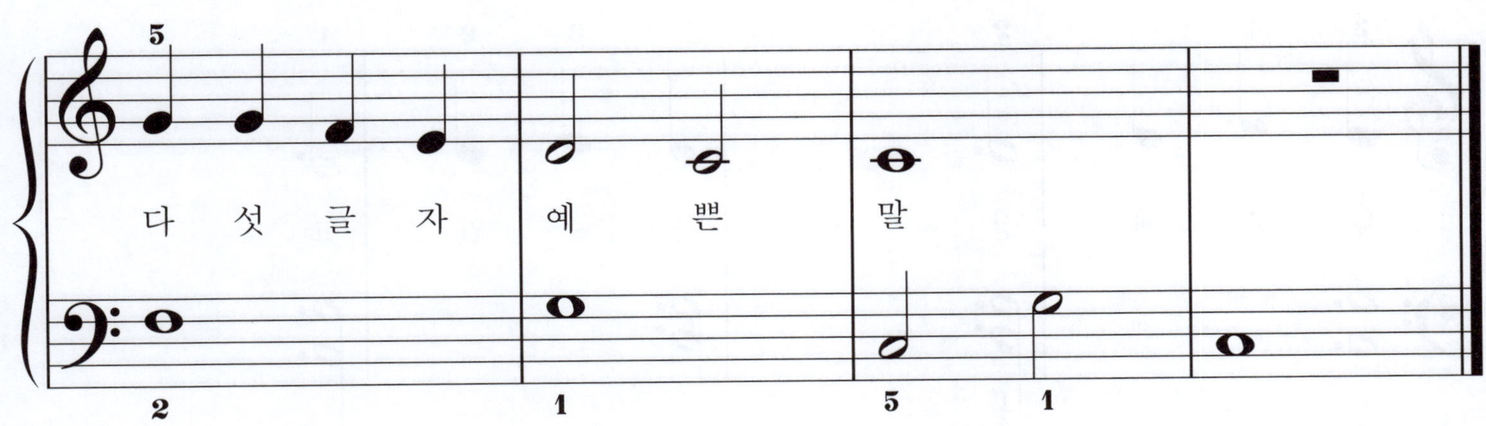
감
사
합
니
다

아 름 다 워 요   노 력 할 게 요

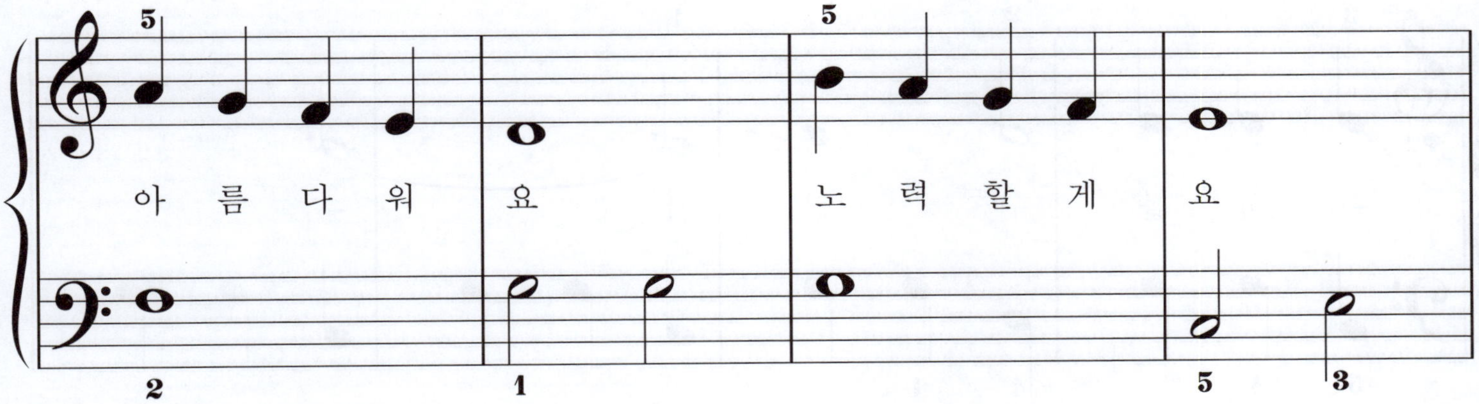

다 섯 글 자   예 쁜 말

내가 찾는 아이

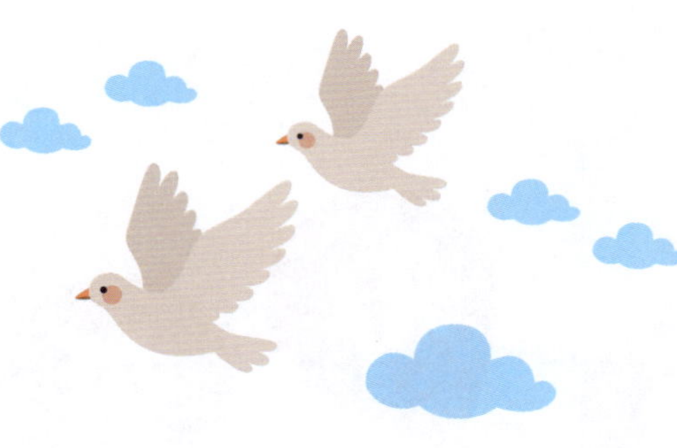

최성원 작사
최성원 작곡

조금 느리게

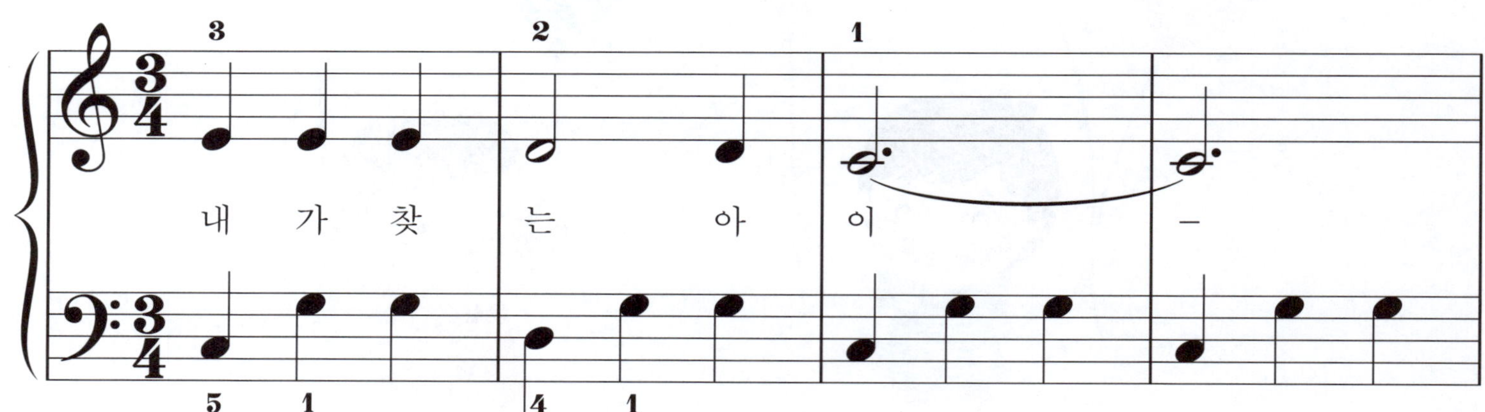

내 가 찾 는 아 이 ―

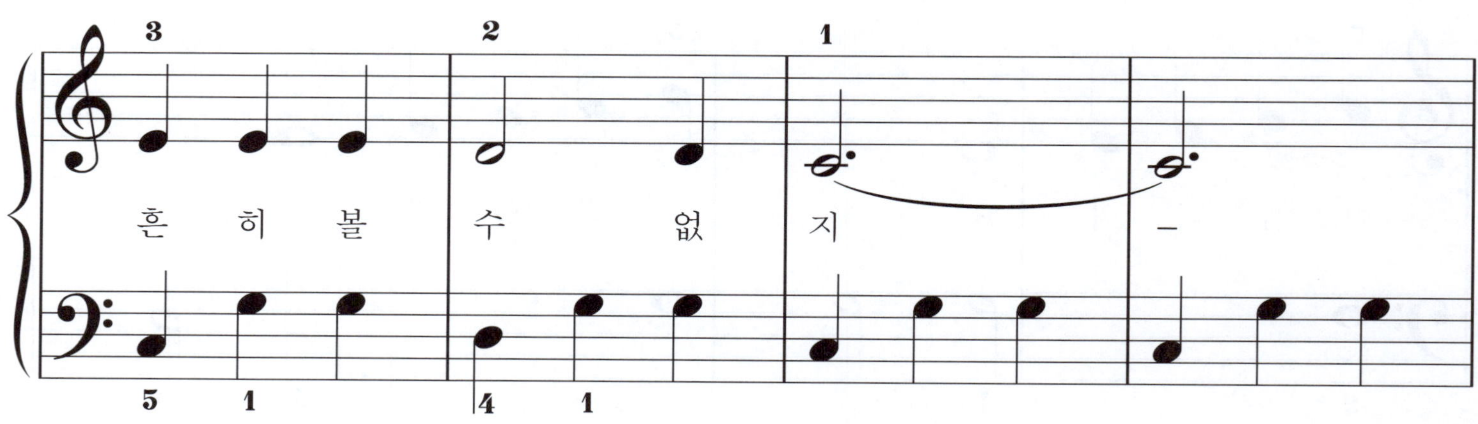

흔 히 볼 수 없 지 ―

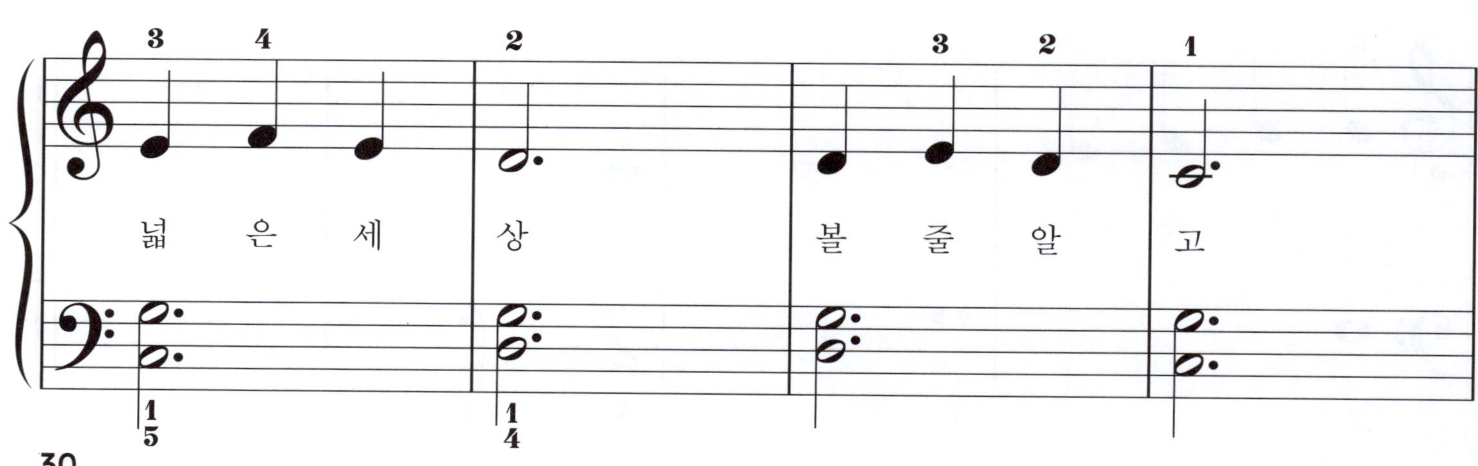

넓 은 세 상 볼 줄 알 고

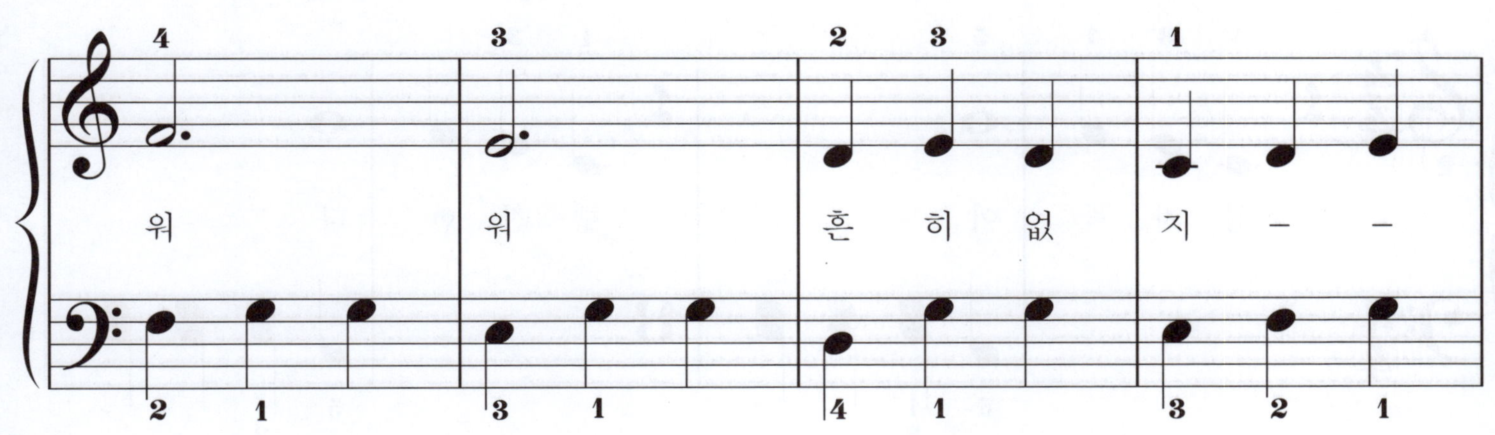

작 은 풀 잎
사 랑 하 는 — —
워
워
흔 히 없 지 — —

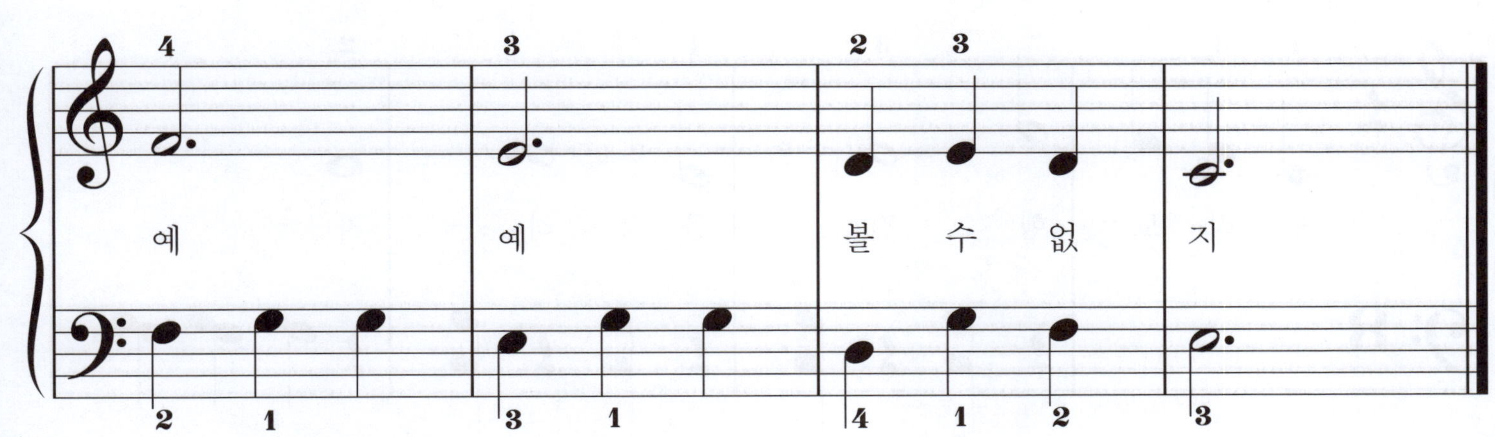

예
예
볼 수 없 지

성자들의 행진

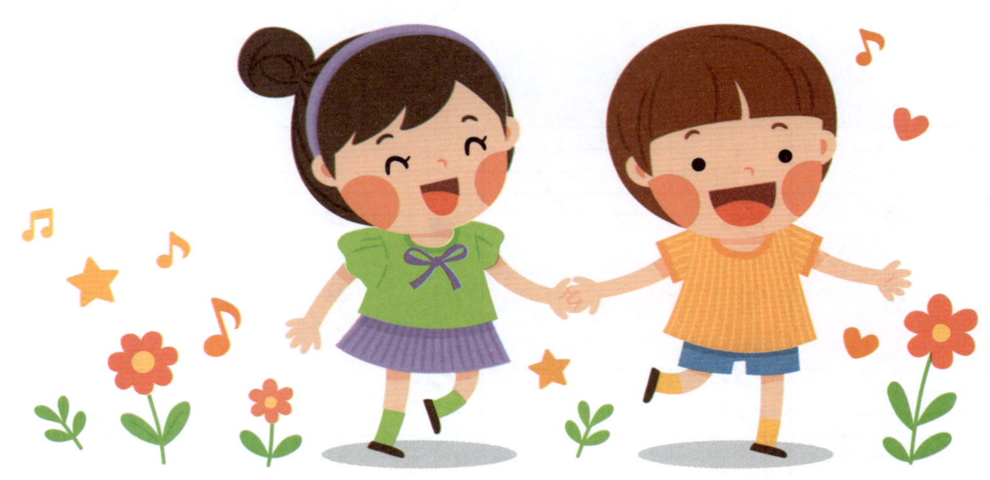

보통 빠르게
흑인 영가

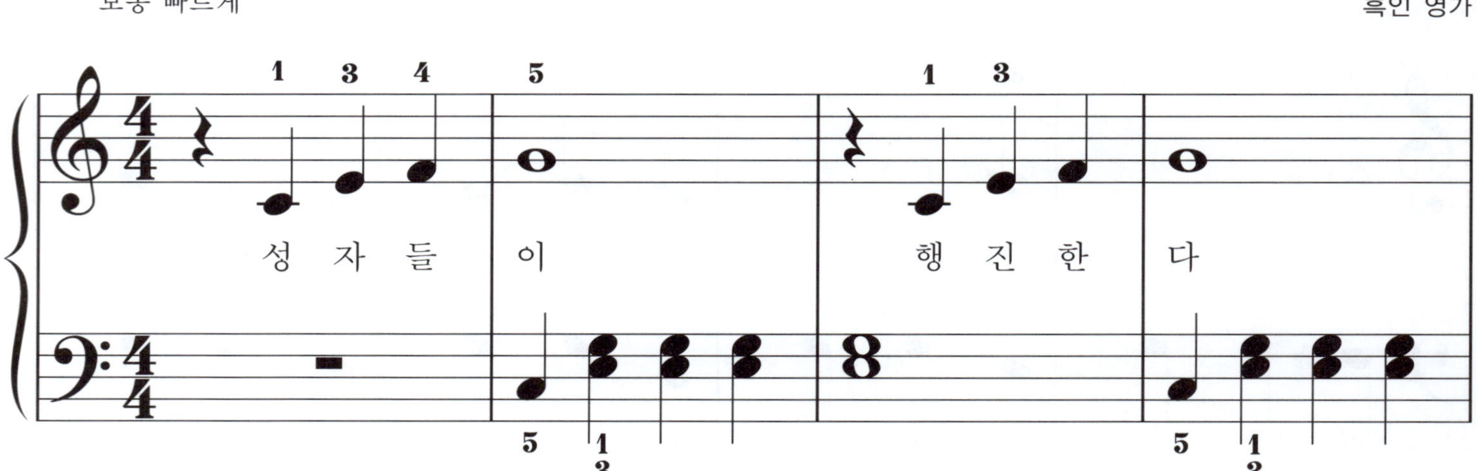
성 자 들 이 행 진 한 다

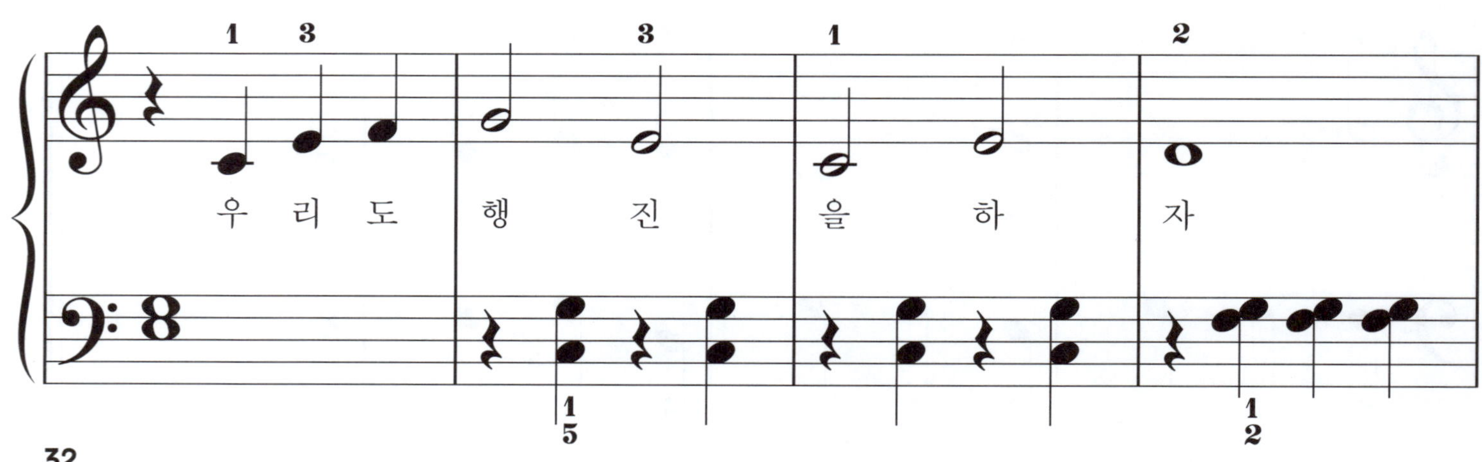
우 리 도 행 진 을 하 자

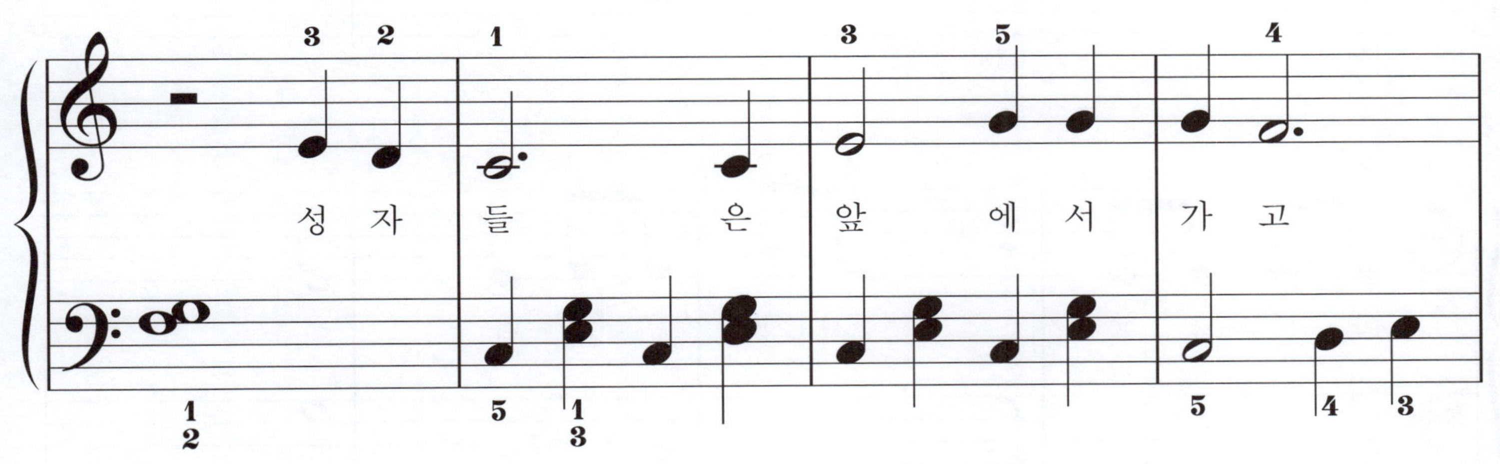
성 자 들 은 앞 에 서 가 고

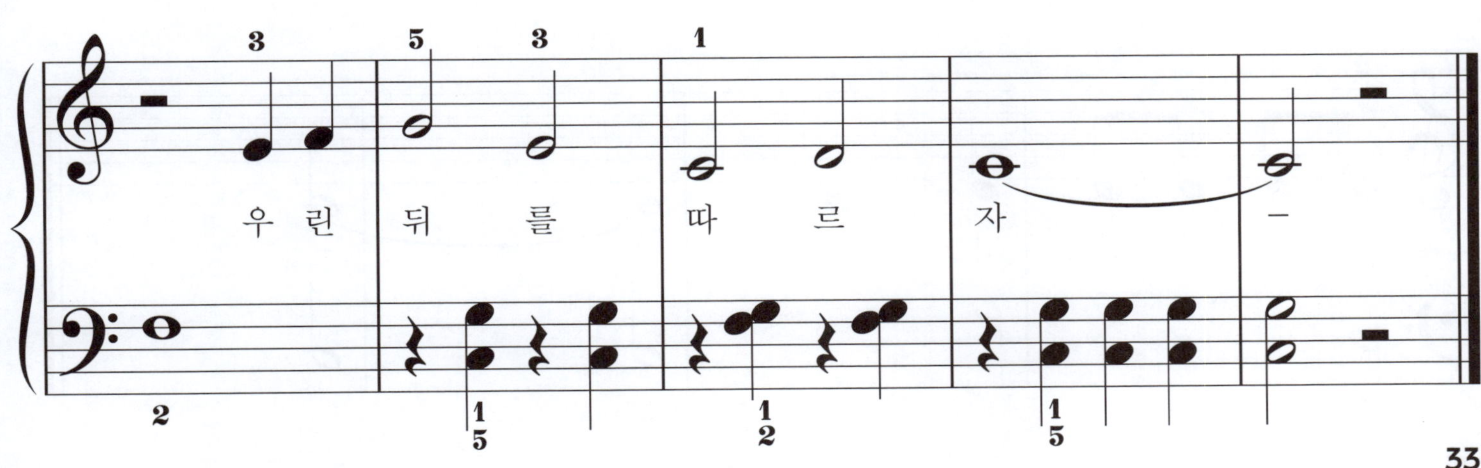
우 린 뒤 를 따 르 자 —

종이접기

유경숙 작사
김봉학 작곡

보통 빠르게

색 종 이 를 곱 게 접 어 서

물 감 으 로 예 쁘 게 색 칠 하 고

알 록 달 록 오 색 실 꼬 리 달 아

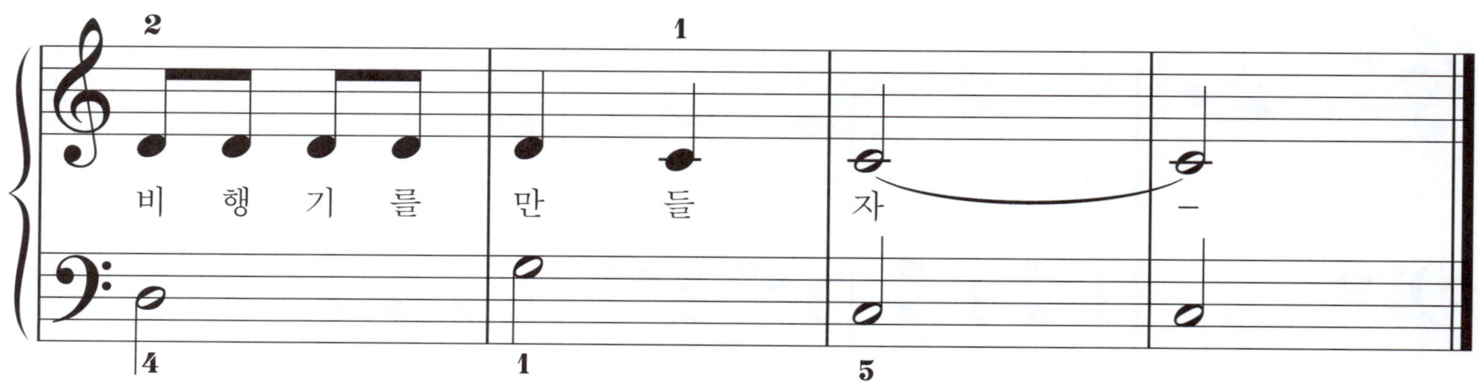
비 행 기 를 만 들 자 ―

구슬비

권오순 작사
안병원 작곡

보통 빠르게

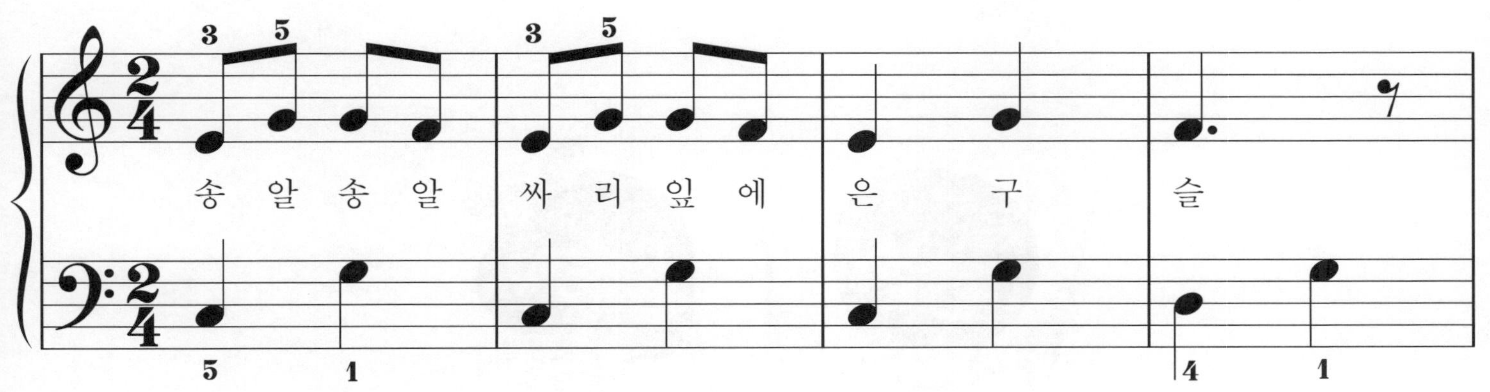
송 알 송 알   싸 리 잎 에   은   구   슬

조 롱 조 롱   거 미 줄 에   옥   구   슬

대 롱 대 롱 풀   잎   마 다 총   총

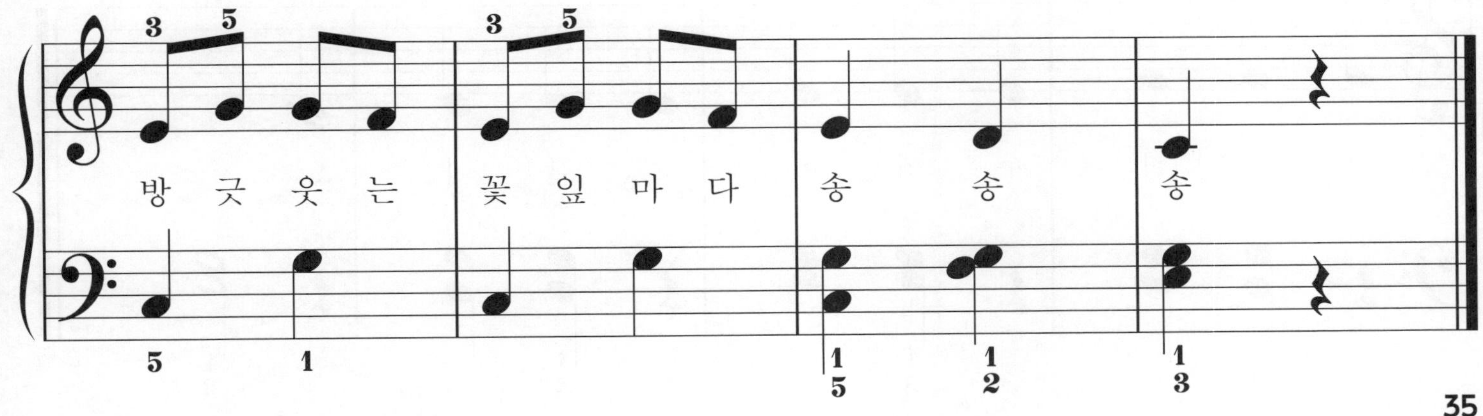
방 굿 웃 는   꽃 잎 마 다   송   송   송

똑같아요

윤석중 작사
외국 곡

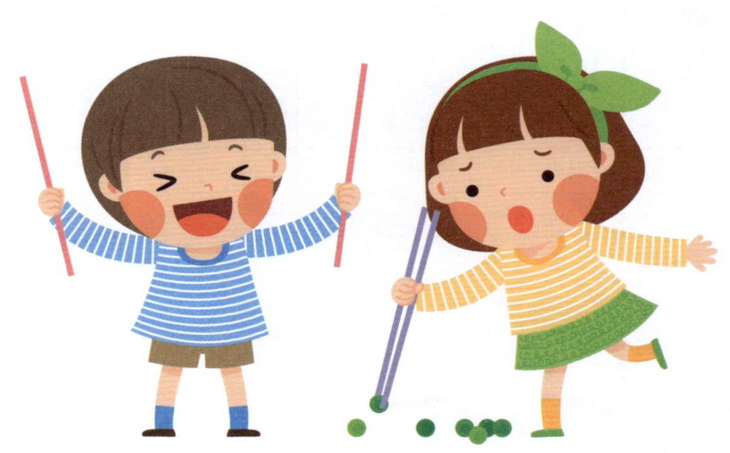

보통 빠르게

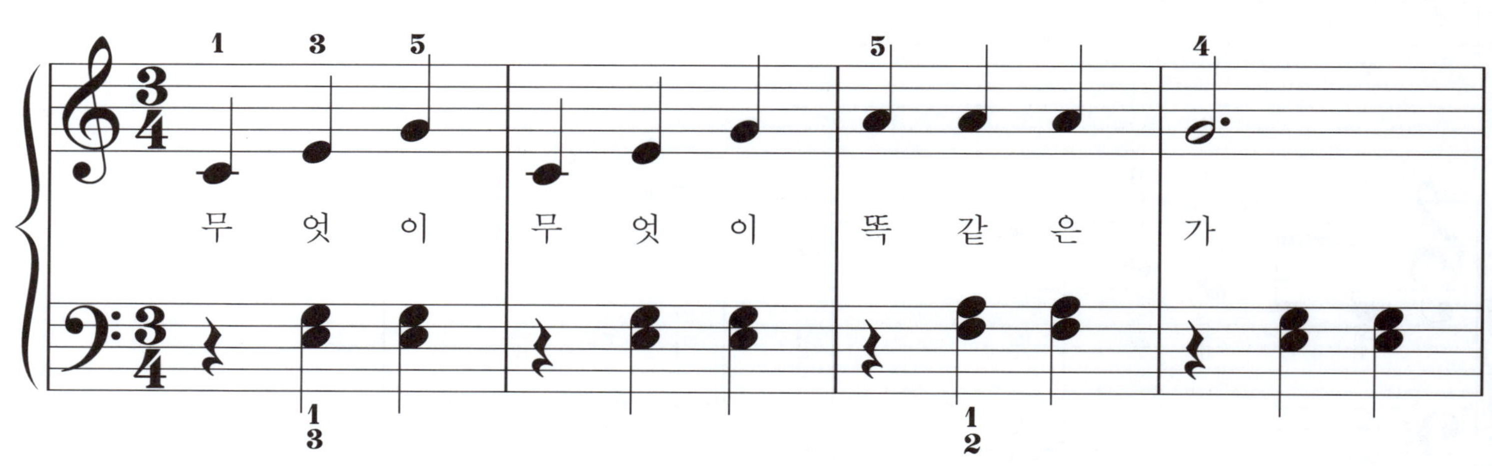
무 엇 이 무 엇 이 똑 같 은 가

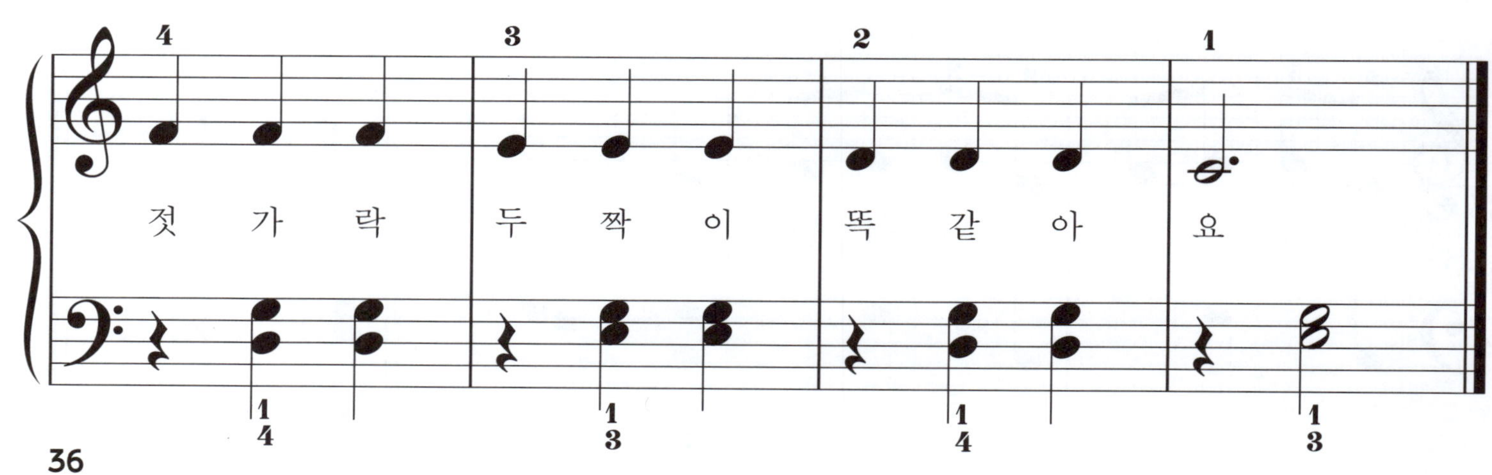
젓 가 락 두 짝 이 똑 같 아 요

노래하자 춤추자

강소천 작사
이계석 작곡

보통 빠르게
노 래 하 자 춤 - 추 자
둥 글 게 둥 글 - 게 돌 면 서
사 뿐 사 뿐
꽃 밭 을 돌 면 - 서 춤 추 자

사과 같은 내 얼굴

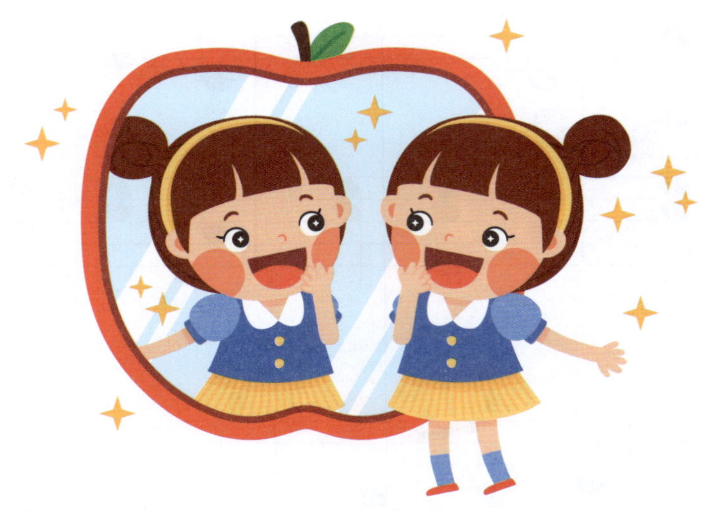

김방옥 작사
외국 곡

보통 빠르게

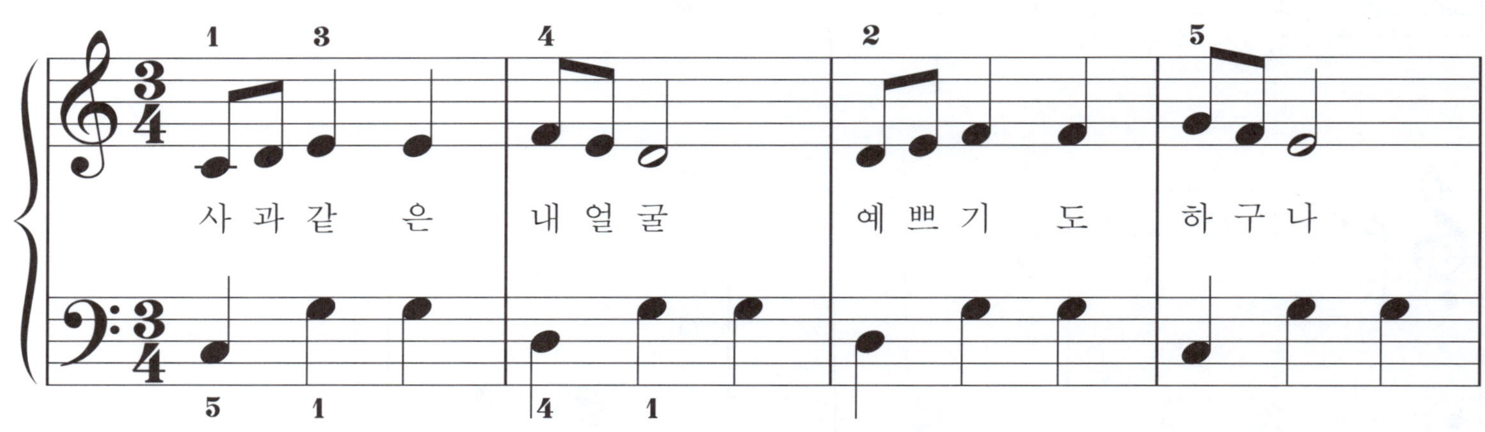

사 과 같 은 내 얼 굴 예 쁘 기 도 하 구 나

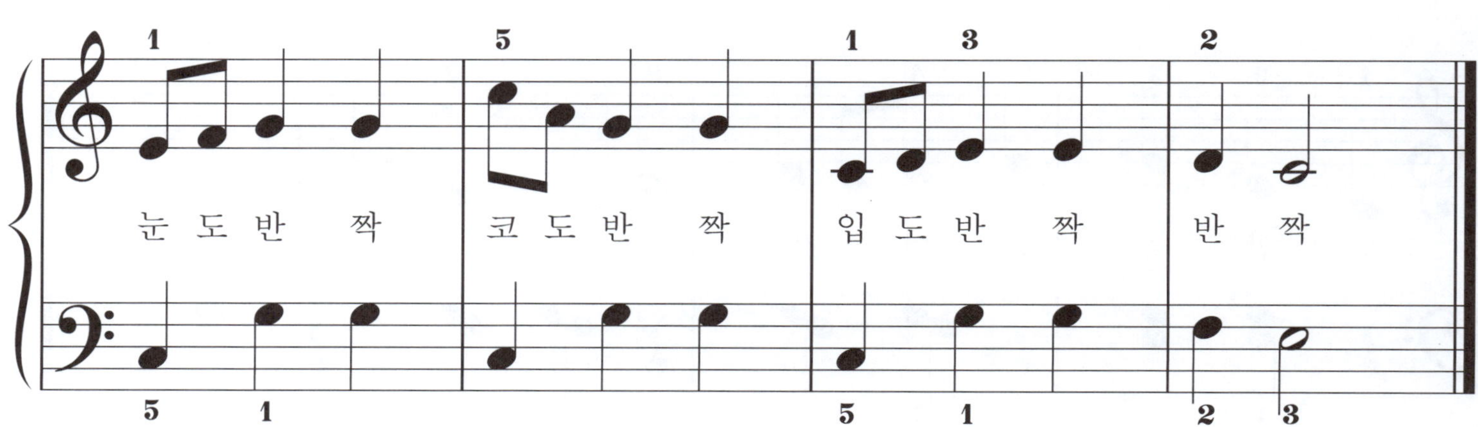

눈 도 반 짝 코 도 반 짝 입 도 반 짝 반 짝

둘이 살짝

박경문 작사
김방옥 작곡

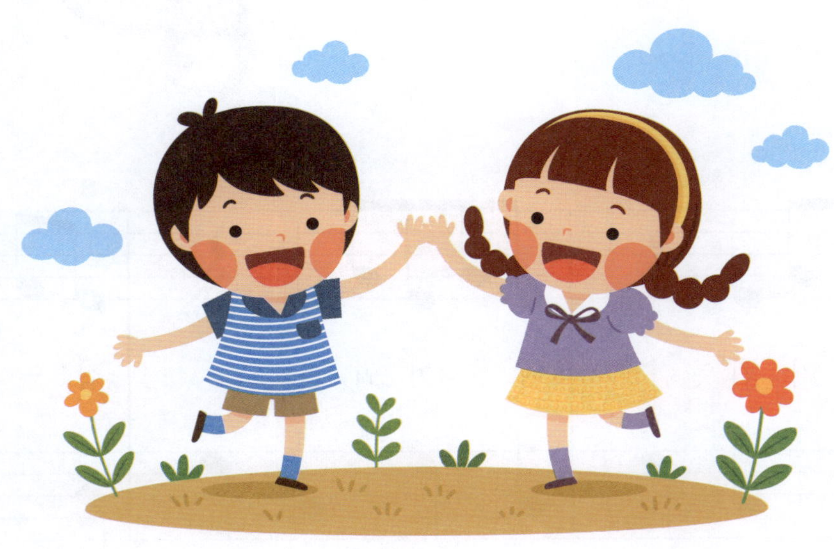

조금 느리게

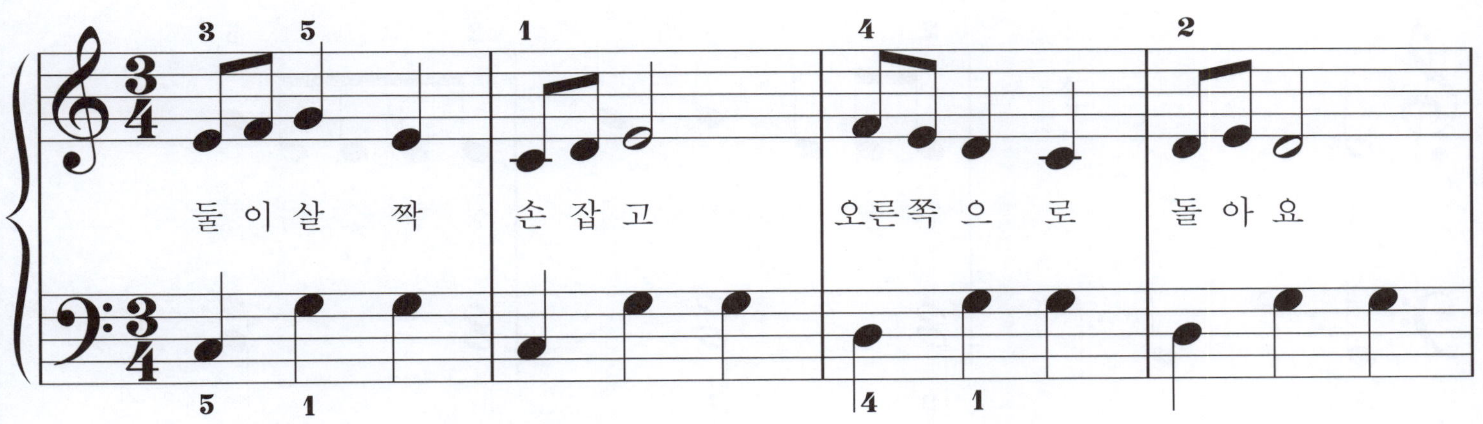

둘이 살 짝   손 잡고   오른쪽으 로   돌아 요

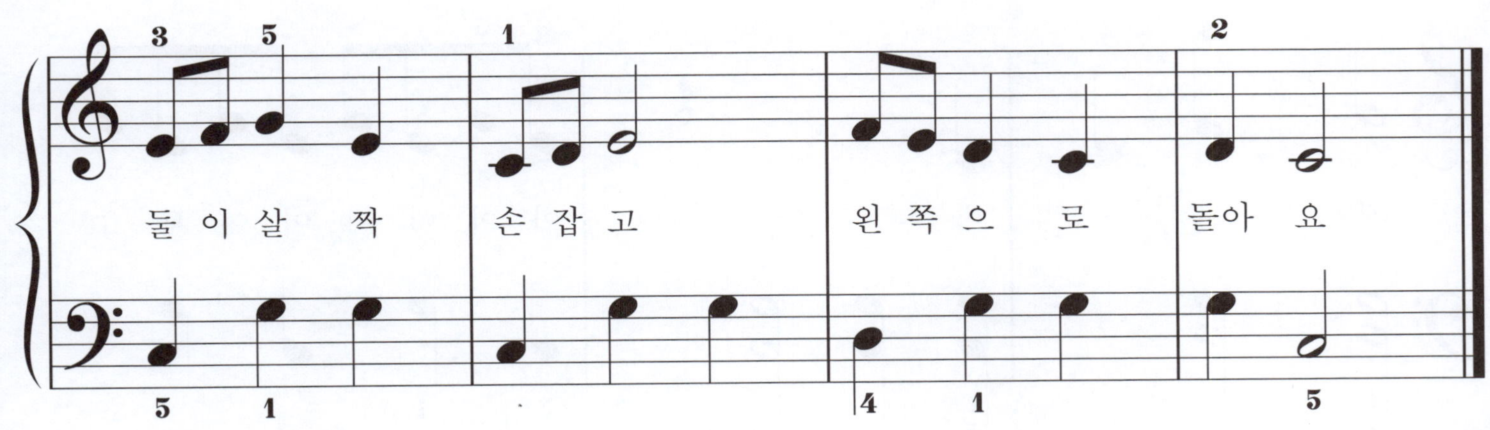

둘이 살 짝   손 잡고   왼쪽으 로   돌아 요

원숭이

최승호 작사
HITMAN BANG 작곡

보통 빠르게

말 썽 꾸 러 기
원 숭 이 귀 를
잡 — 아 당 기

자
원 숭 이 가 이
상 한 소 리 를

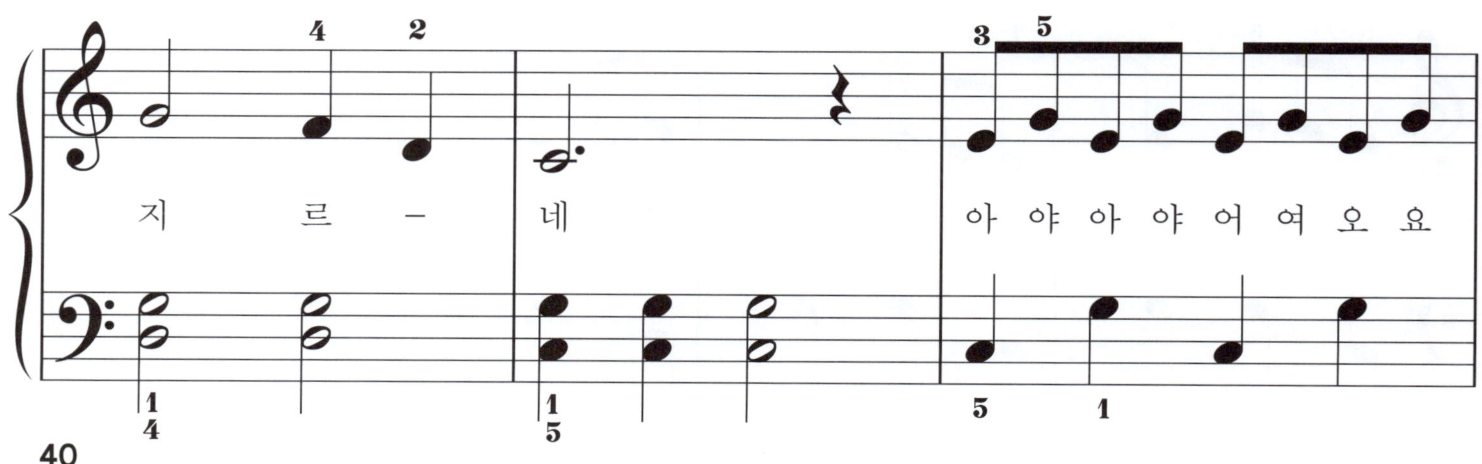

지 르 — 네
아 야 아 야 어 여 오 요

우 유 으 이
아 야 아 야 어 여 오 요
우 유 으 이

아 야 아 야 어 여 오 요
우 유 으 이
아 야 아 야 어 여 오 요

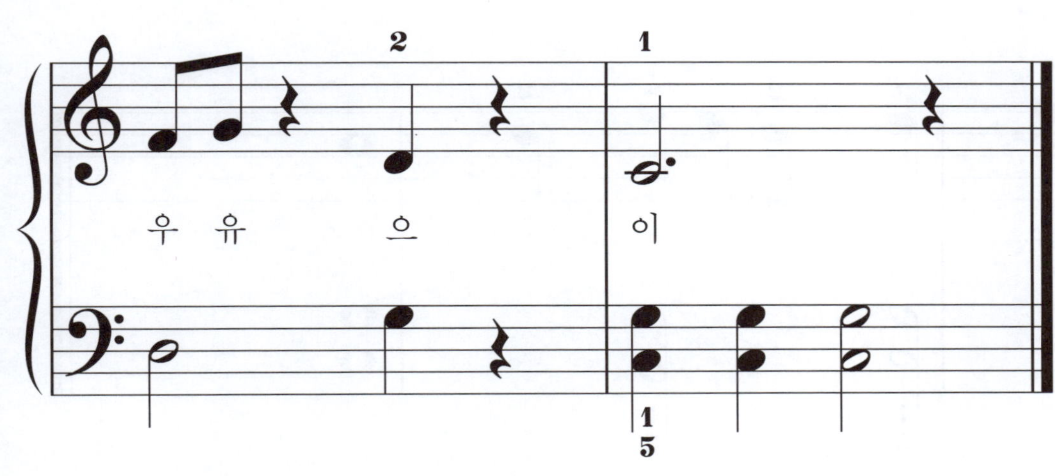

우 유 으 이

사계 중 가을

사계 중 봄

빠르게

비발디 작곡

엄마 돼지 아기 돼지

박홍근 작사
김규환 작곡

보통 빠르게

토실토실아 기 돼 — 지   젖달라고꿀 꿀 꿀
아기돼지바 깥 으 — 로   나가자고꿀 꿀 꿀

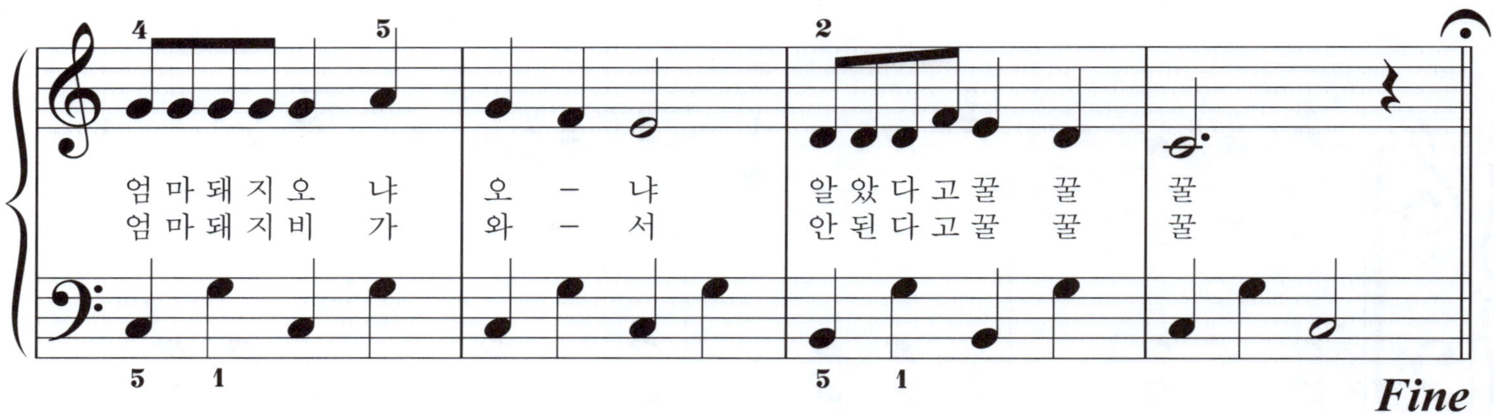

엄마돼지오 냐 오 — 냐   알았다고꿀 꿀 꿀
엄마돼지비 가 와 — 서   안된다고꿀 꿀 꿀
Fine

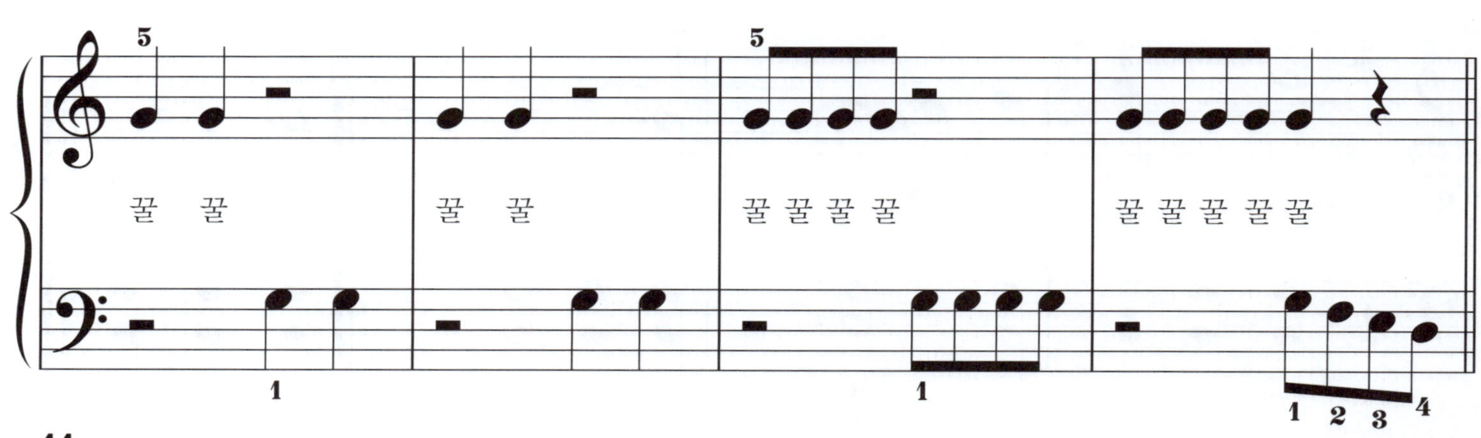

꿀 꿀   꿀 꿀   꿀 꿀 꿀 꿀   꿀 꿀 꿀 꿀 꿀

D.C. al Fine

간다 간다

보통 빠르게

김성균 작사
김성균 작곡

간 다 간 다 간 다 간 다
골 목 길 로
간 다 간 다 간 다 간 다

넓 은 길 로
간 다 간 다 간 다 간 다
뛰 뛰 빵 빵

랄 라 라 라
자 동 차

30

귀여운 꼬마

보통 빠르게

미국 민요

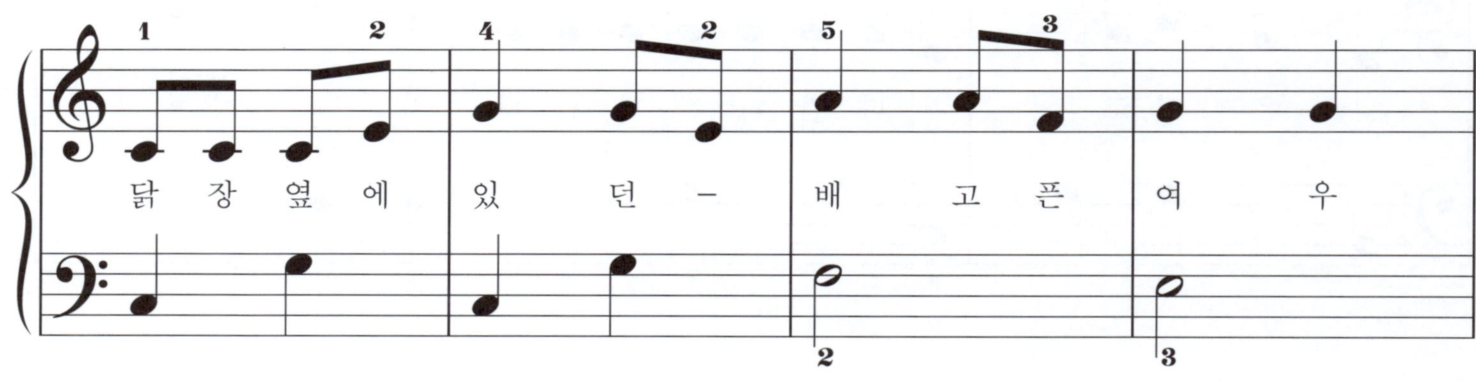
귀 여 운 꼬 마 가 닭 장 에 가 서
암 탉 을 잡 으 려 다 놓 쳤 다 네

닭 장 옆 에 있 던 — 배 고 픈 여 우
옳 거 니 하 면 서 물 고 갔 다 네

그래 그래서

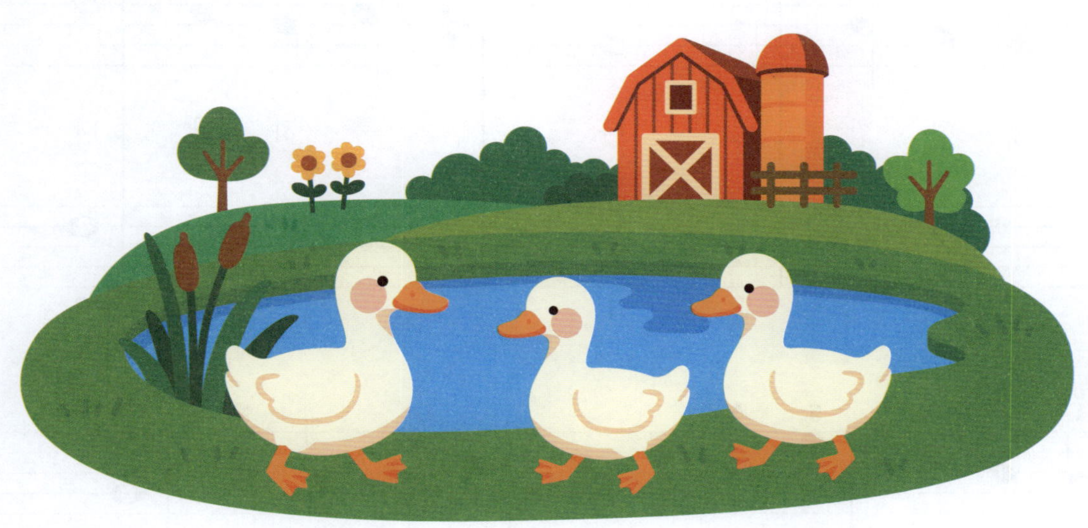

보통 빠르게
외국 곡

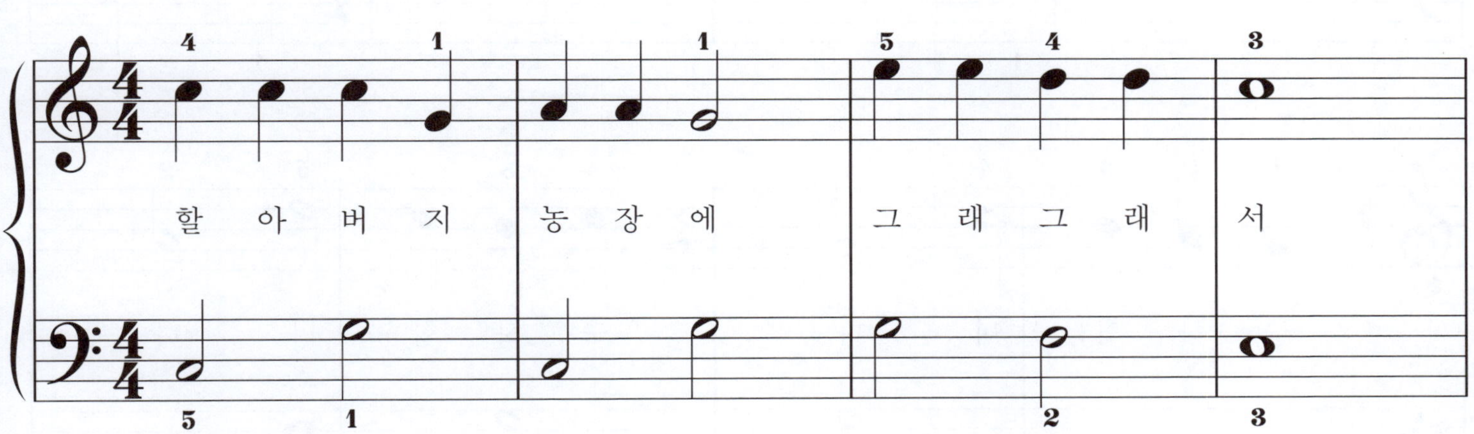
할 아 버 지 농 장 에 그 래 그 래 서

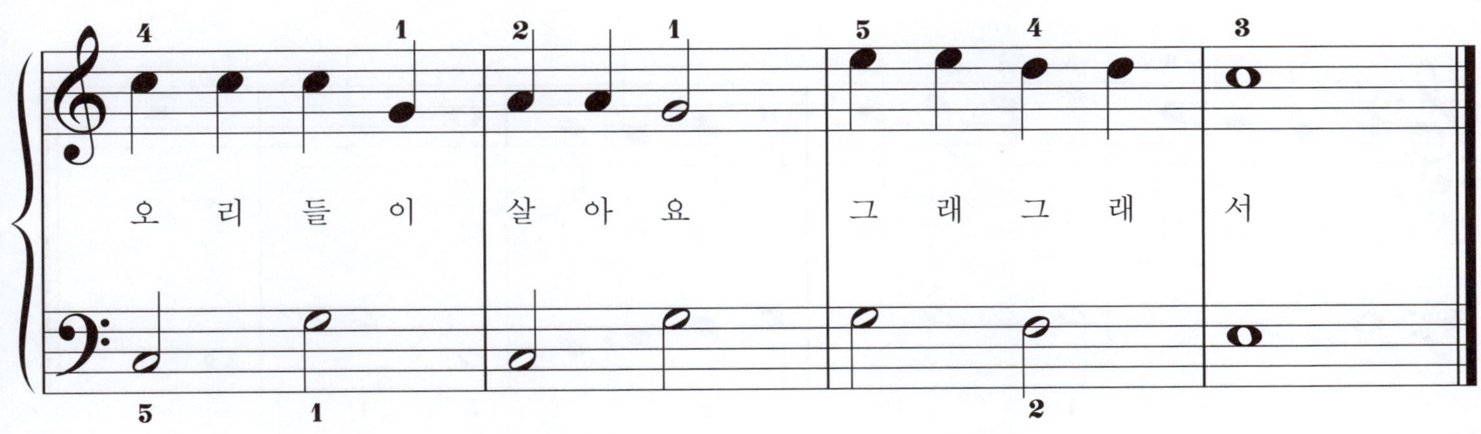
오 리 들 이 살 아 요 그 래 그 래 서

축하합니다

필립 콜터, 빌 마틴 작사
필립 콜터, 빌 마틴 작곡

보통 빠르게

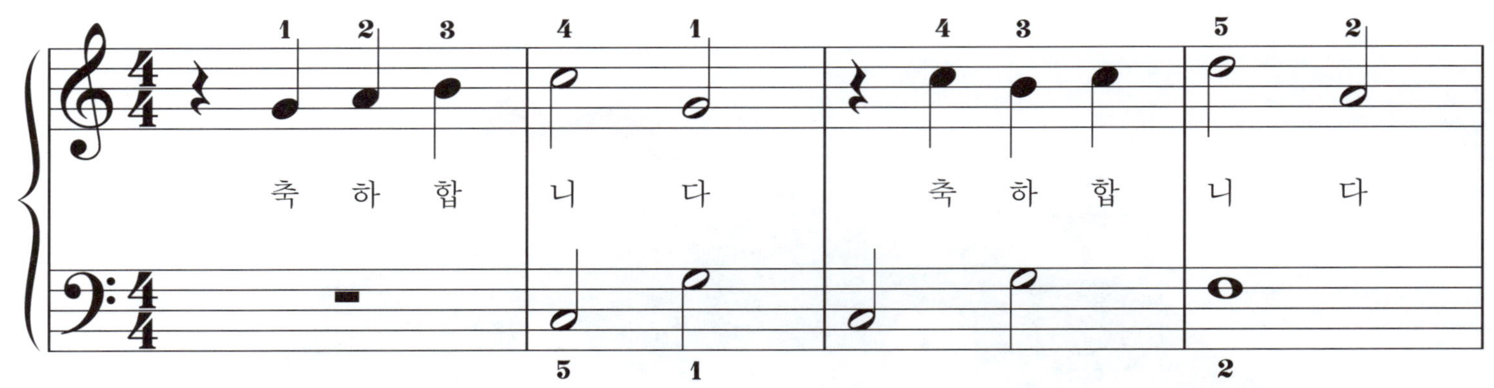
축 하 합 니 다 축 하 합 니 다

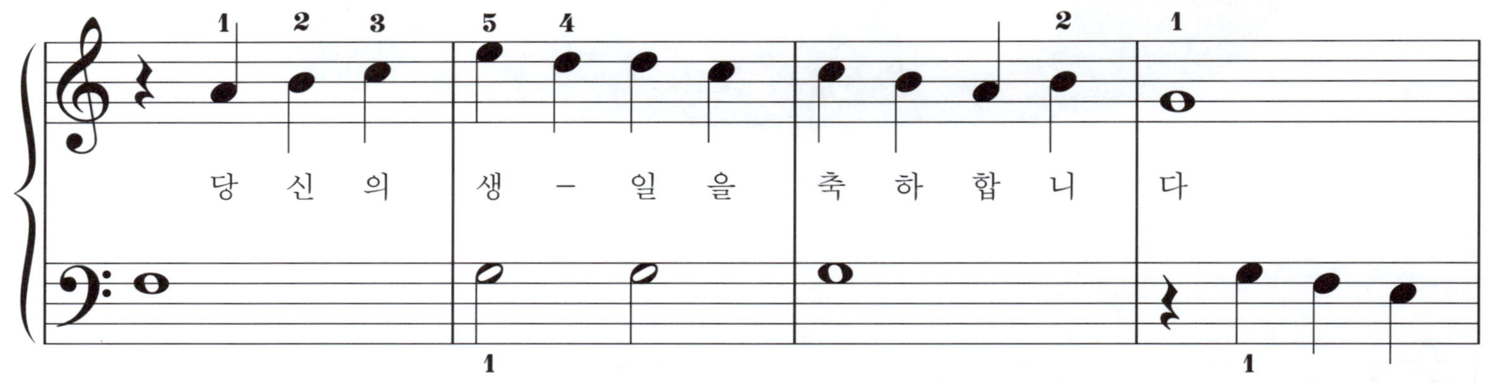
당 신 의 생 — 일 을 축 하 합 니 다

축 하 합 니 다 축 하 합 니 다

당 신 의 생 — 일 을 축 하 합 니 다

클레멘타인

조금 느리게
퍼시 몬트로스 작사
퍼시 몬트로스 작곡
넓고 넓은 바닷 가에 오막
살 이 집한 채 고기 잡는 아버
지 와 철모 르는 딸있 네

할아버지 시계

보통 빠르게
헨리 클레이 워크 작곡

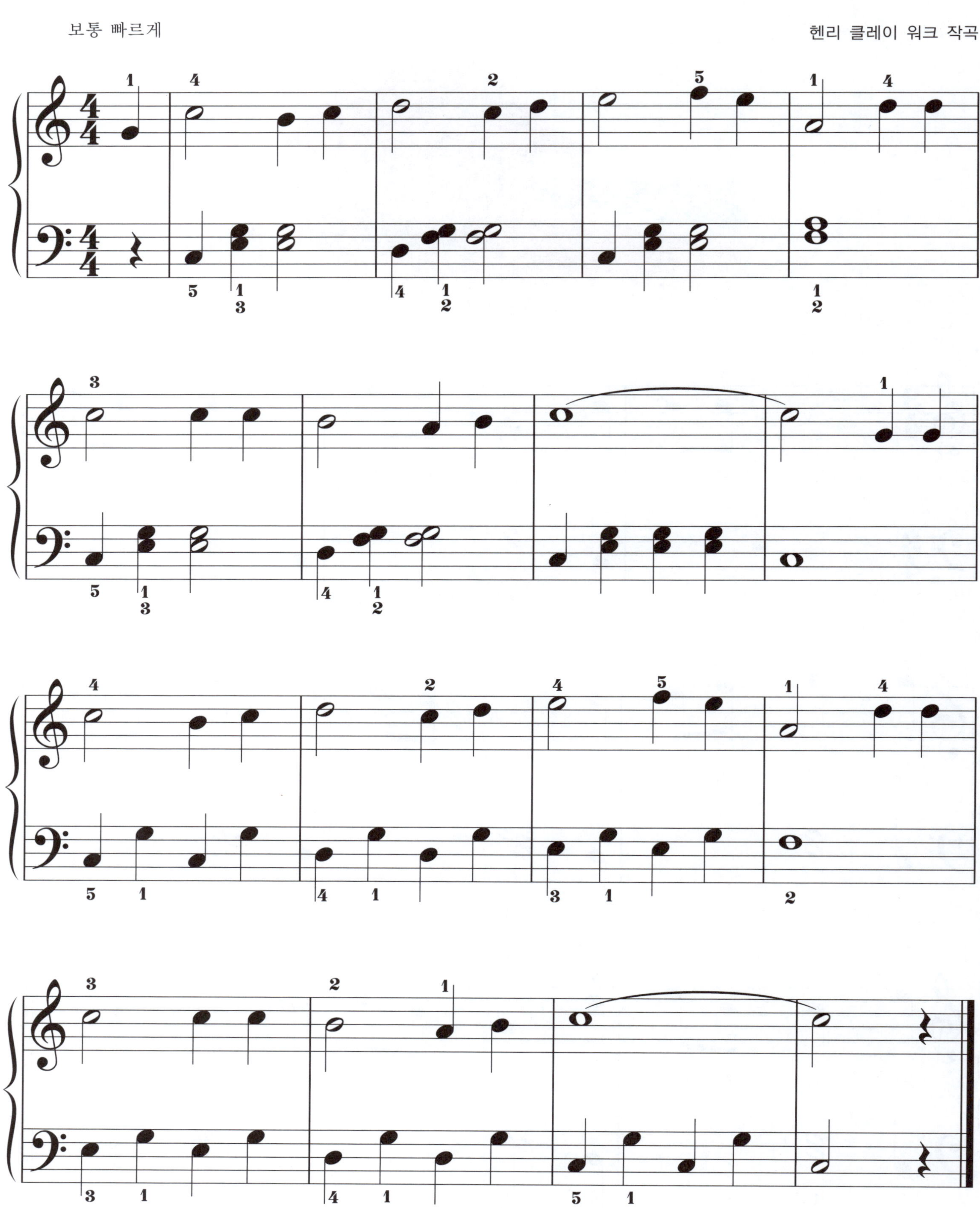

결혼 행진곡

작은 동물원

김성균 작사
김성균 작곡

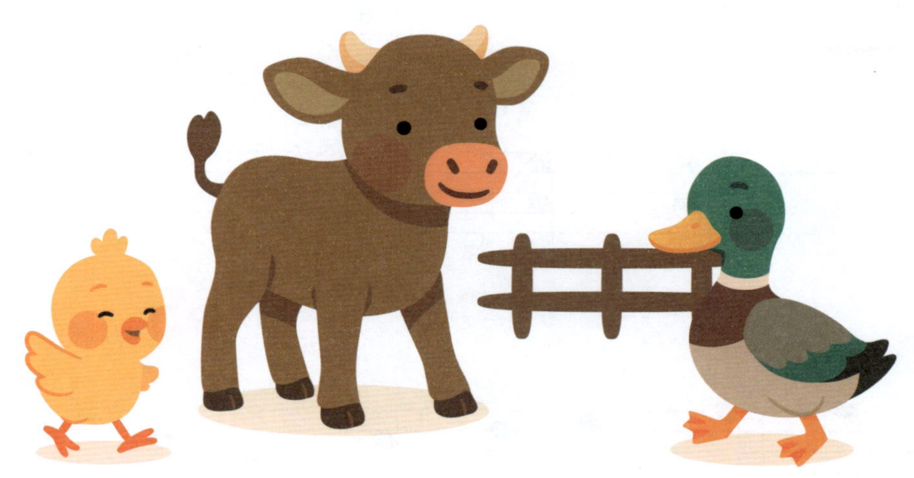

보통 빠르게

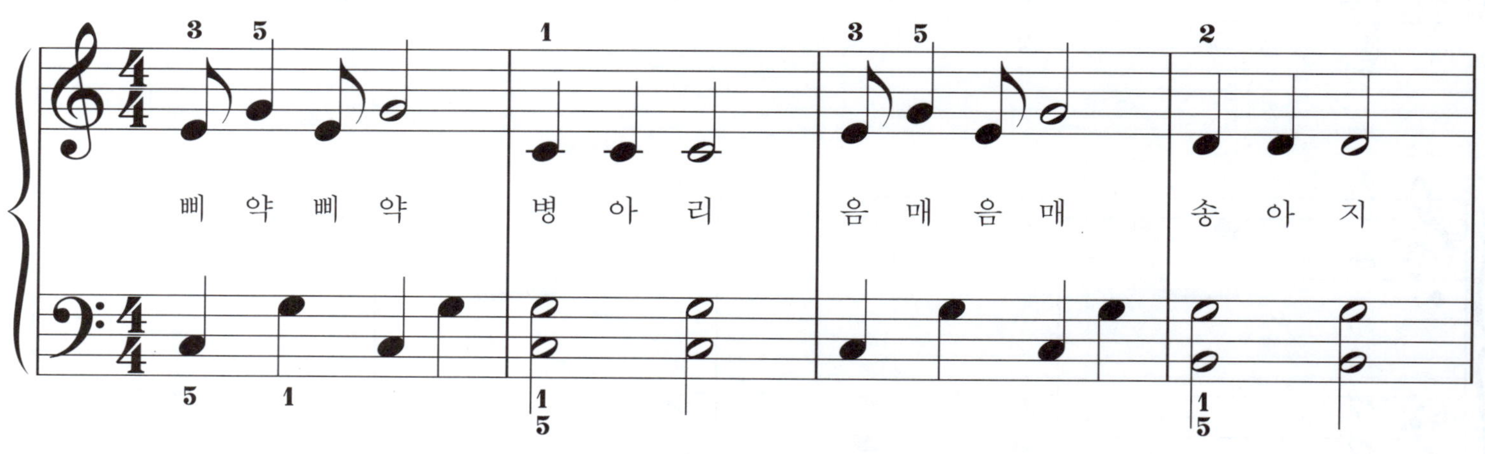
삐약삐약
병아리
음매음매
송아지

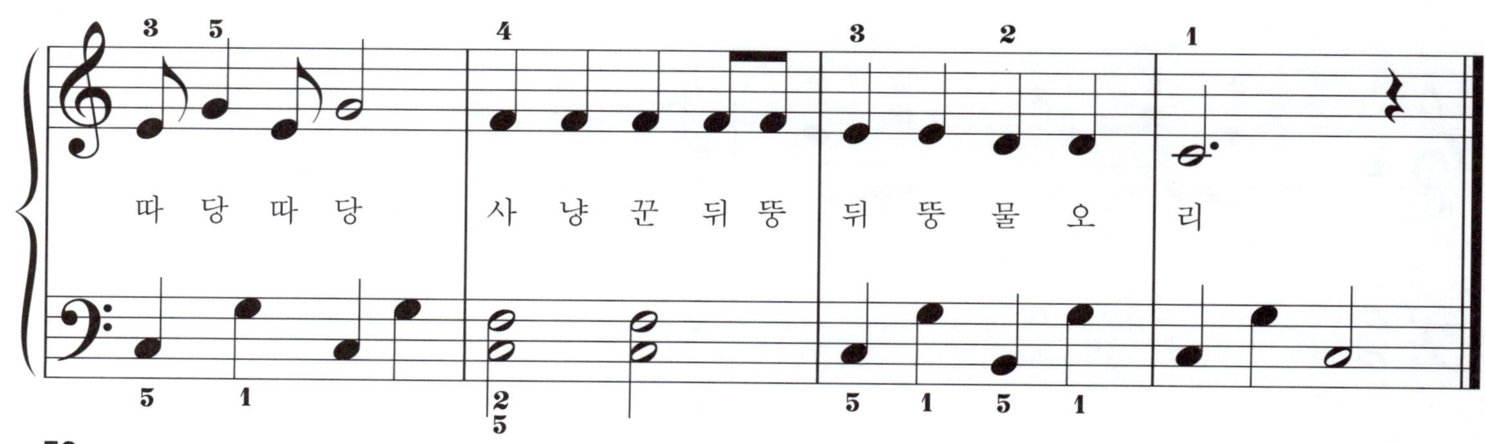
따당따당
사냥꾼뒤뚱
뒤뚱물오
리

하얀 나라

김성균 작사
김성균 작곡

보통 빠르게

나 는 눈 이 좋 아 서   꿈 에 눈 이 오 나 봐

온 세 상 이 모 두   하 얀 나 라 였 지   어 젯 밤 꿈 속   에

나처럼 해봐라

작자 미상
외국 곡

보통 빠르게

나 처럼해봐라   요 렇 게 -   나 처럼해봐라

요 렇 게 -   나 처럼해봐라   요 렇 게 -

아 이참 재 미있   다

아빠 힘내세요

사랑
해요

권연순 작사
한수성 작곡

보통 빠르게

아 빠 힘 내 세 요 우 리 가 있 잖 아

요 아 빠 힘 내 세 요 우 리

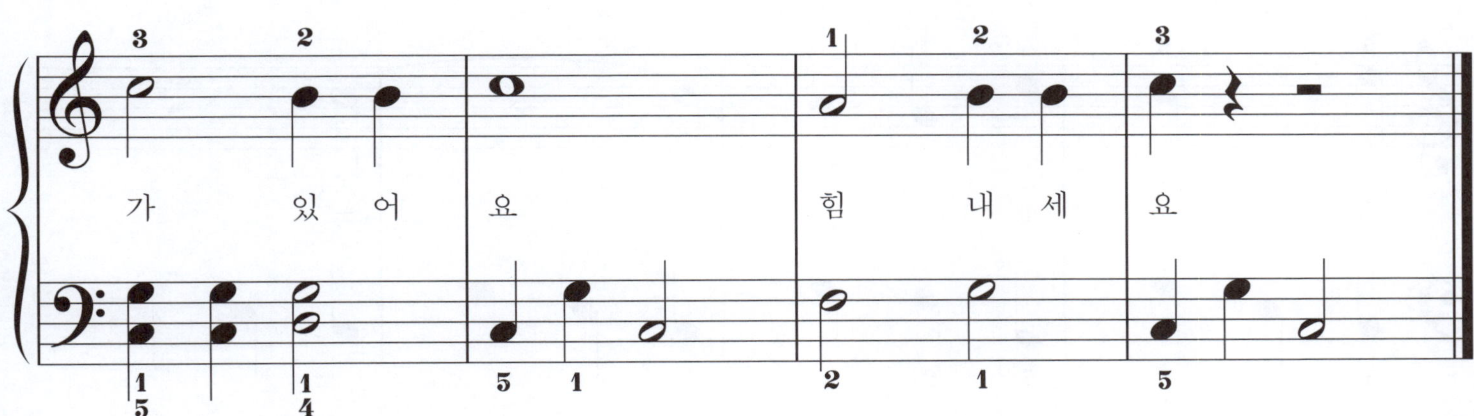

가 있 어 요 힘 내 세 요

섬 집 아기

한인현 작사
이흥렬 작곡

조금 느리게

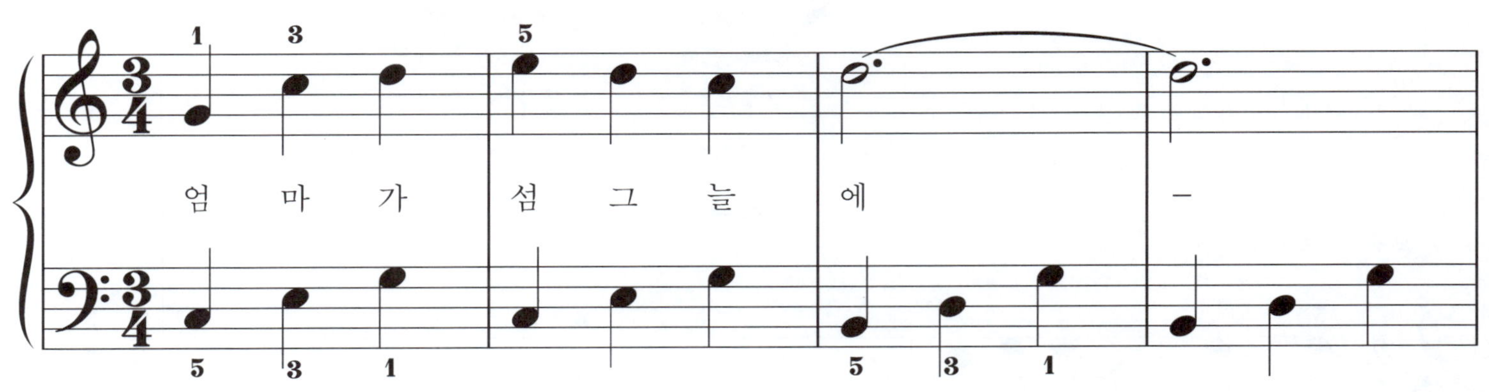
엄 마 가 섬 그 늘 에

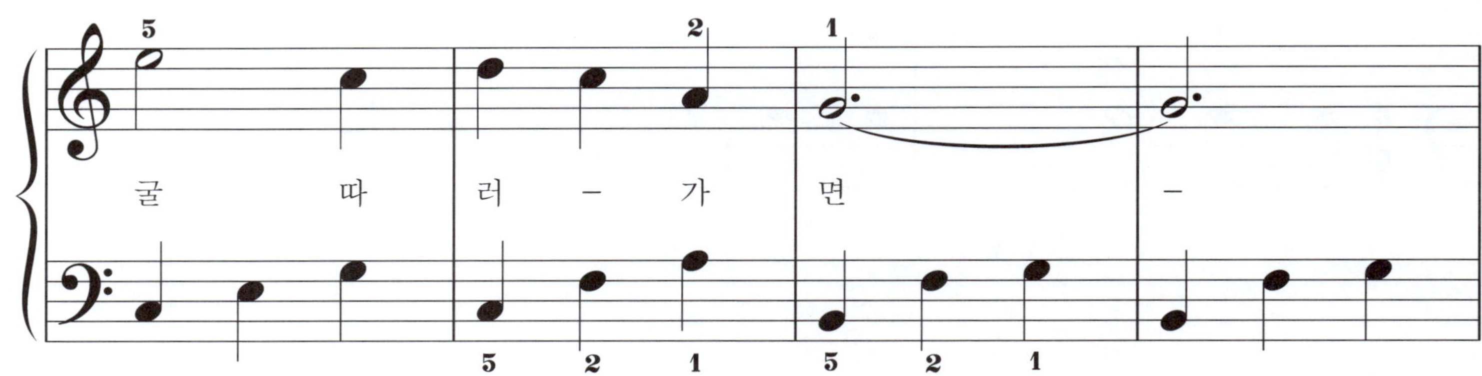
굴 따 러 가 면

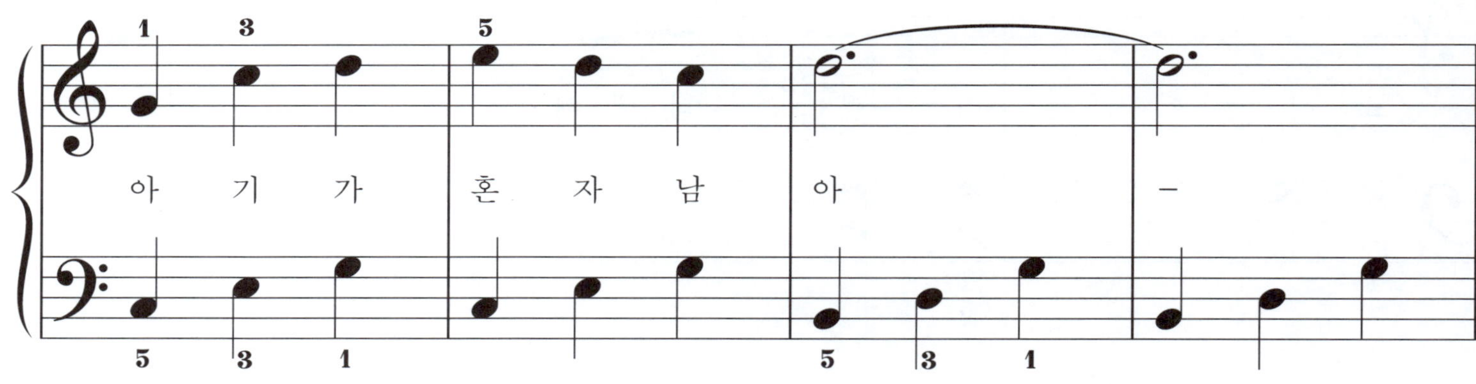
아 기 가 혼 자 남 아

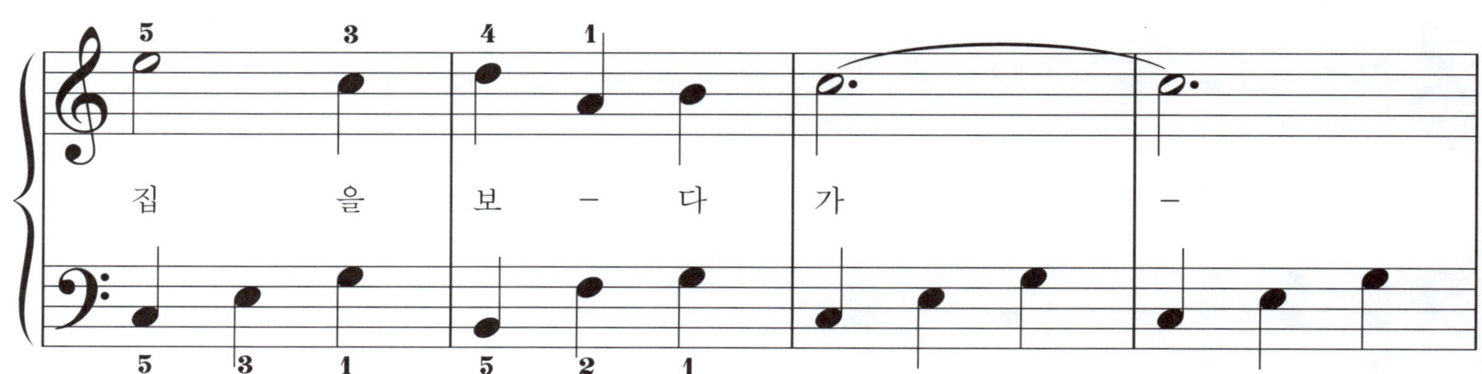
집 을 보 다 가

바 다 가 불 러 주 는 는 —
자 장 노 래 에 —
팔 베 고 스 르 르 르 —
잠 이 듭 니 다 —

예쁜 아기 곰

조원경 작사
조원경 작곡

보통 빠르게

동 그 란 눈 에
까 만 작 은 코
하 얀 털 옷 을 입 은

예 쁜 아 기 곰
언 제 나 너 를
바 라 보 면 서

작 은 소 망 애 기 하 - 지

58

당신의 소중한 사람

조금 느리게
노르웨이 민요

Love

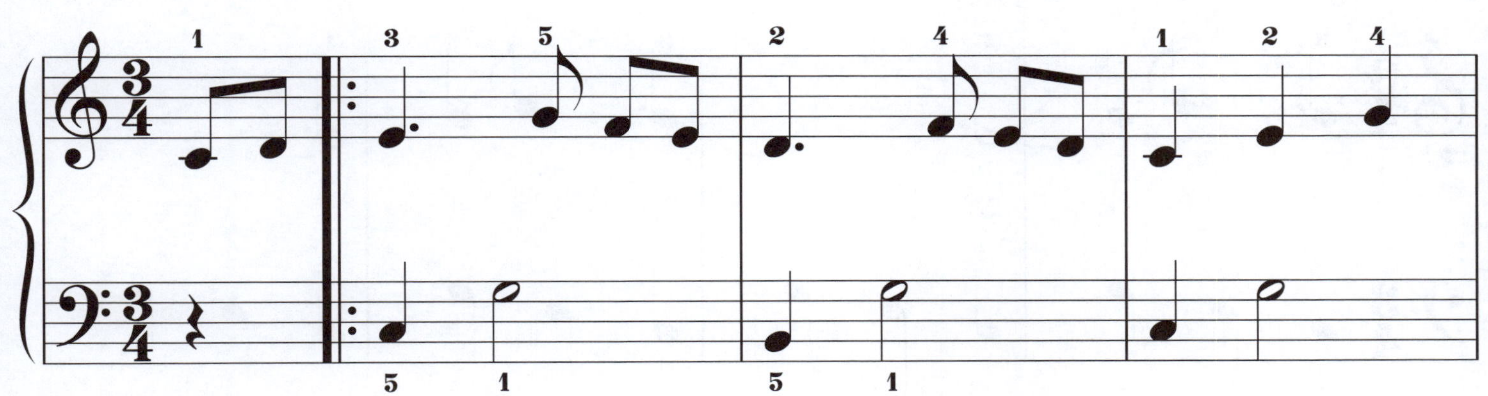

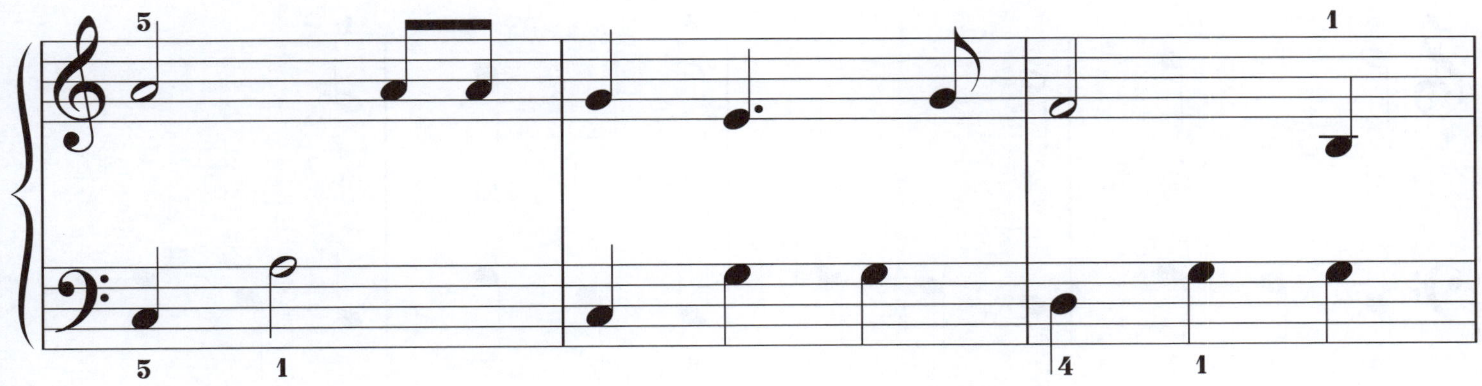

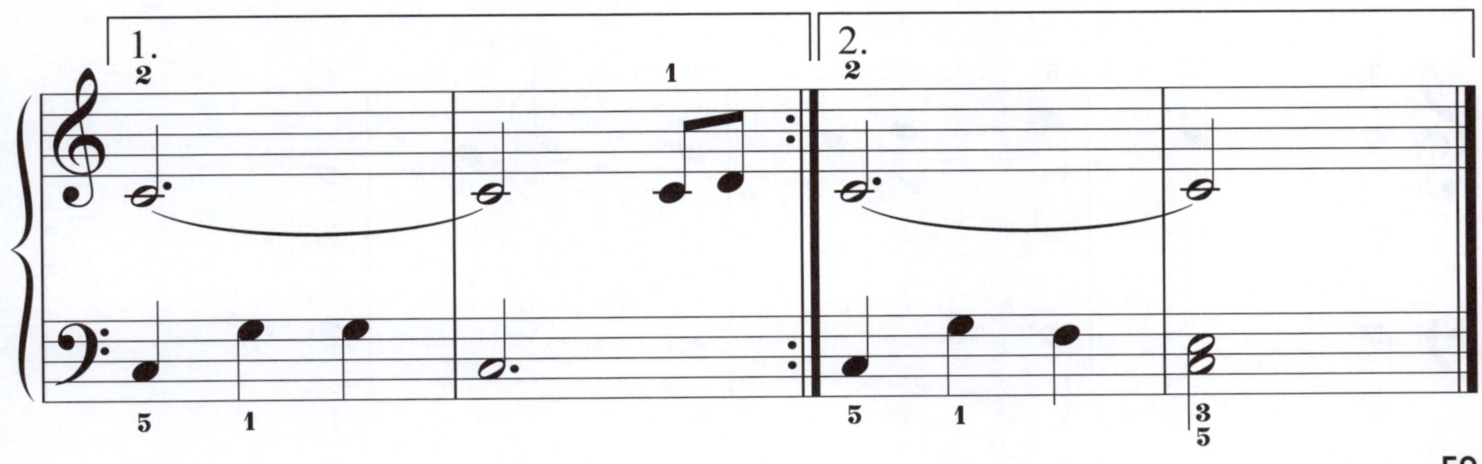

고요한 밤 거룩한 밤

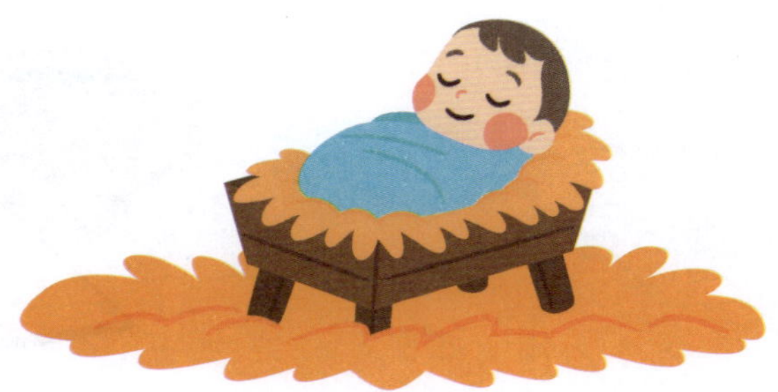

요제프 모르 작사
프란츠 그루버 작곡

조금 느리게

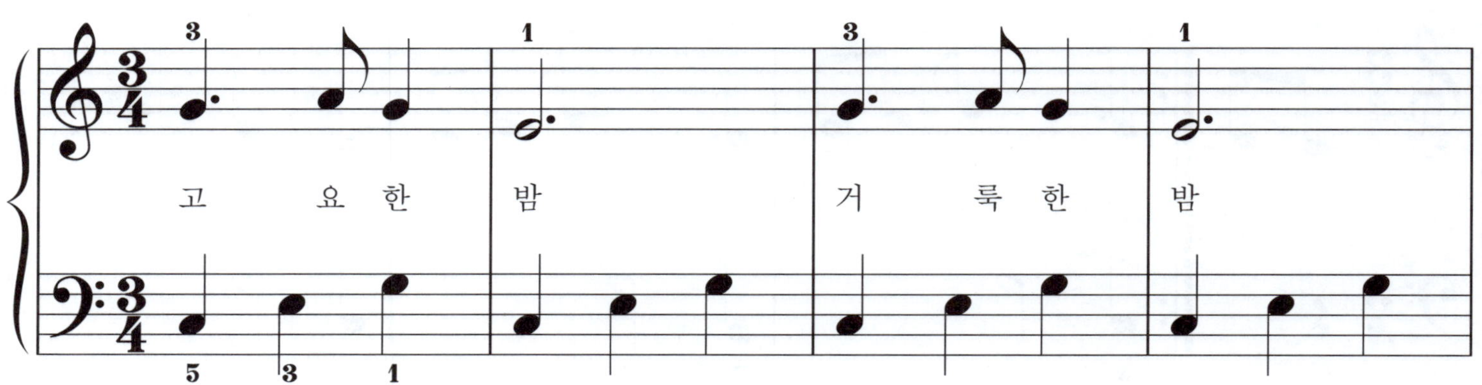
고　요한　밤　거　룩한　밤

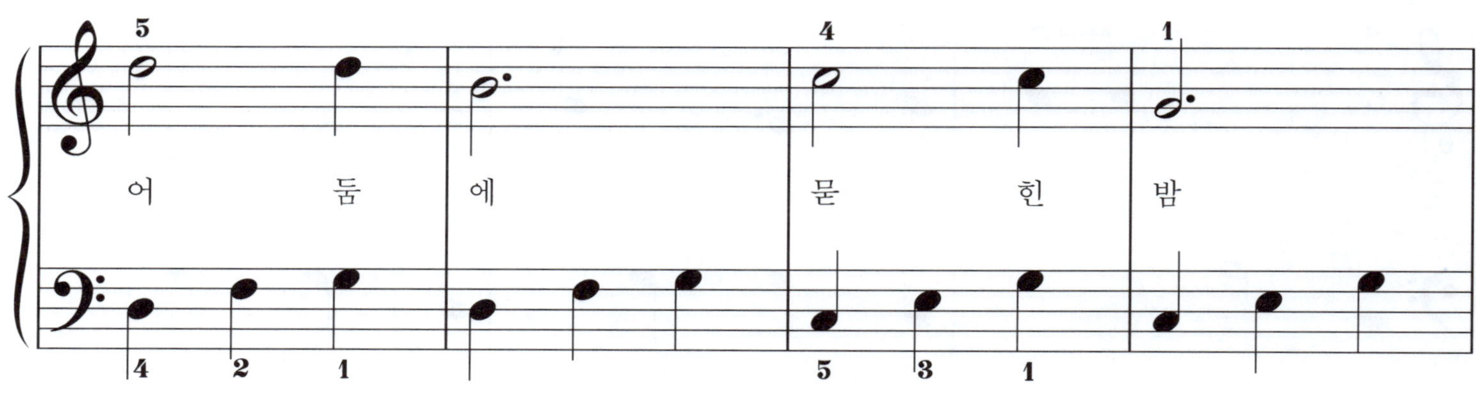
어　둠　에　묻　힌　밤

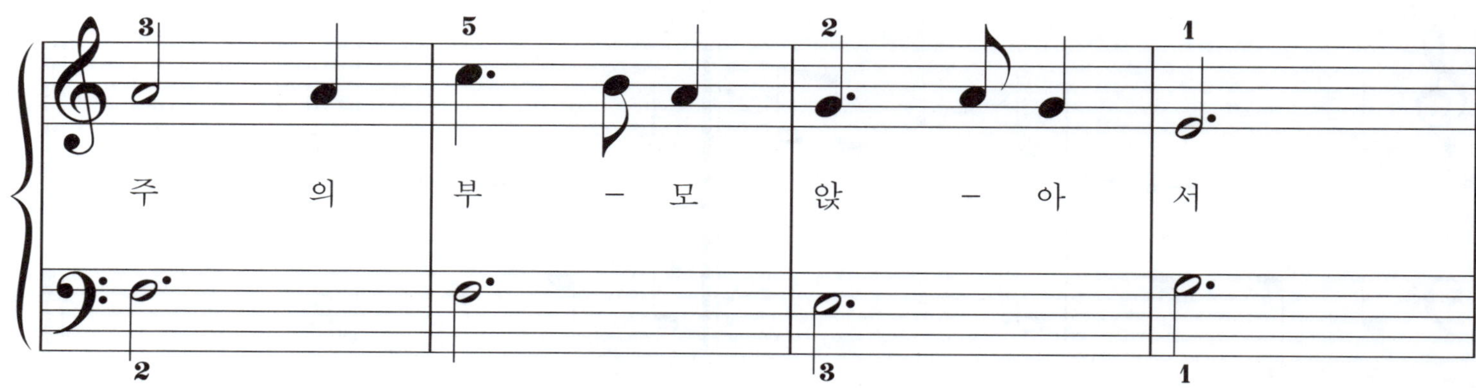
주　의　부 ― 모　앉 ― 아　서

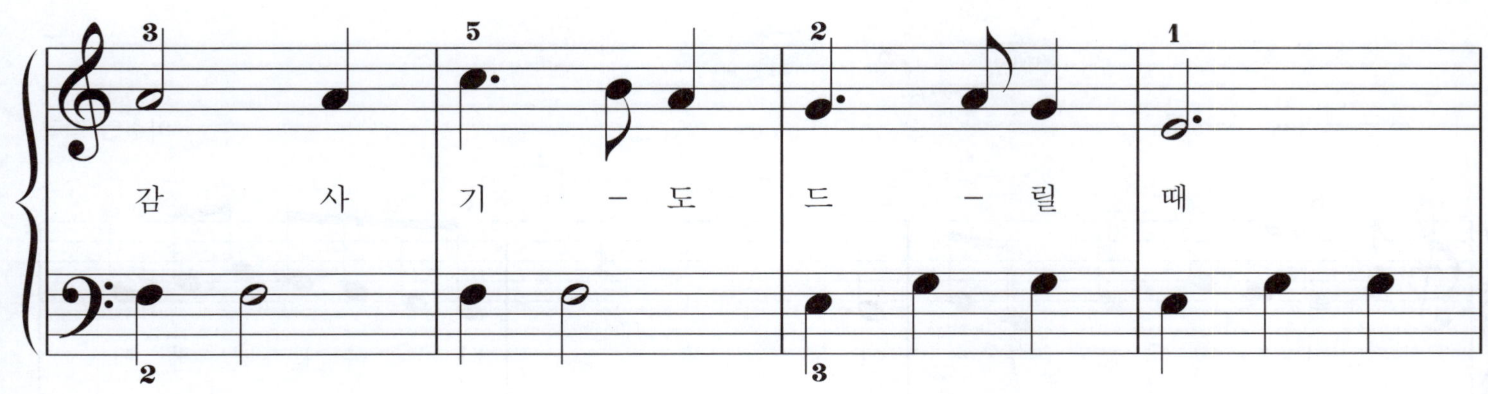

감 사 기 ― 도 드 ― 릴 때

아 기 잘 도 잔 다 ―

아 ― 기 잘 도 잔 다 ―

아빠의 얼굴

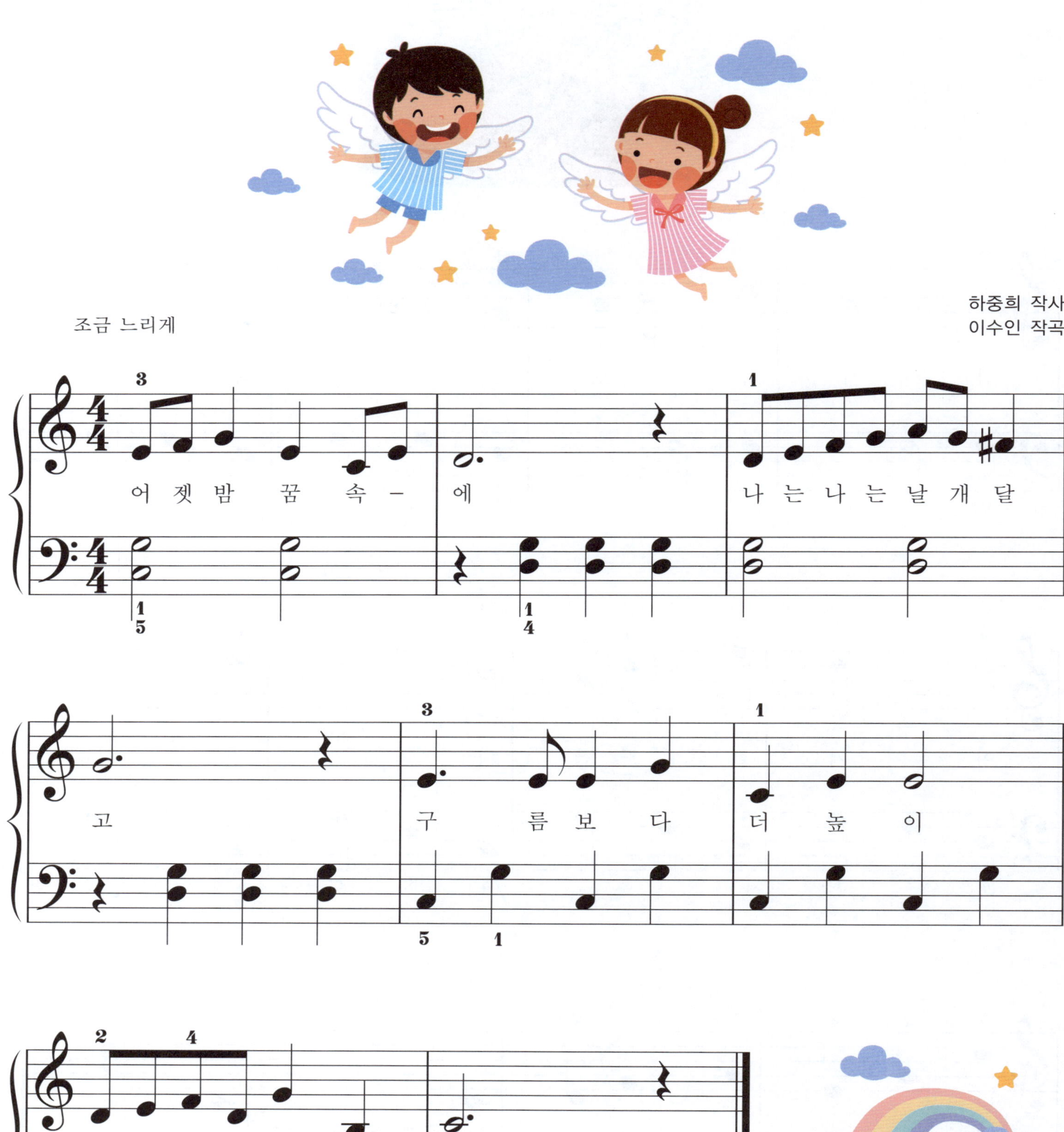

하중희 작사
이수인 작곡
조금 느리게
어젯밤 꿈 속 - 에
나 는 나 는 날 개 달
고
구 름 보 다
더 높 이
올 라 올 라 갔 지
요

놀람 교향곡

루돌프 사슴코

조니 마크스 작사
조니 마크스 작곡

보통 빠르게

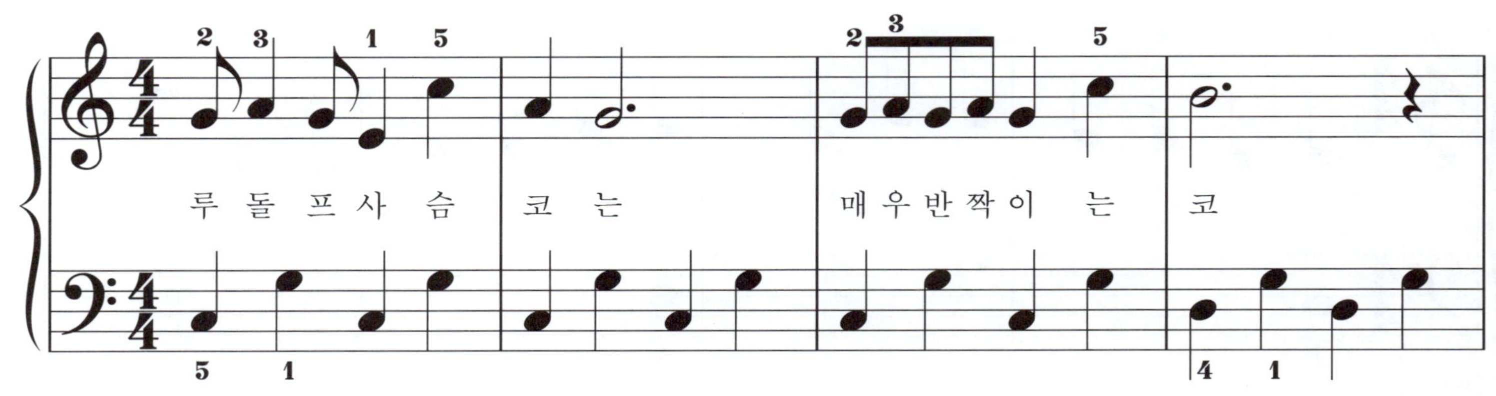
루 돌 프 사 슴   코 는   매 우 반 짝 이 는   코

만 일 네 가 봤   다 면   불 붙 는 다 했 겠   지

다 른 모 든 사   슴 들   놀 려 대 며 웃 었   네

가 엾 은 저 루   돌 프   외 톨 이 가 되 었   네

안 개 낀 성 탄 절 날 – 산 타 말 하 길
루 돌 프 코 가 밝 으 니 – 썰 매 를 끌 어 주 렴

그 후 론 사 슴 들 이 그 를 매 우 사 랑 했 네

루 돌 프 사 슴 코 는 길 이 길 이 기 억 되 리

멋쟁이 토마토

김영광 작사
김영광 작곡

보통 빠르게
울퉁불퉁멋진몸매 에
빠알간옷을입 고
새콤달콤향기풍기 는
멋쟁이토 마 토 (토마토!)
나 는 야 주스될거야
나 는 야 케첩될거야
나 는 야 춤을출거야
뽐내는토 마 토 (토마토!)

씨앗

김성균 작사
김성균 작곡

보통 빠르게
씨 씨 씨를뿌리 고
꼭 꼭 물을주었
죠
하룻밤 이틀밤
쉿 쉿 쉿
뽀드득 뽀드득 뽀드득
싹 이 났 어 요

올챙이와 개구리

윤현진 작사
윤현진 작곡
보통 빠르게
개울가 - 에
올챙이 한 마리
꼬 물 꼬 물
헤 엄 치 다
뒷 다 리 가 쑥
앞 다 리 가 쑥
팔 딱 팔 딱
개 구 리 됐 네
꼬 물 꼬 물
꼬 물 꼬 물
꼬 물 꼬 물
올 챙 이 가
뒷 다 리 가 쑥
앞 다 리 가 쑥
팔 딱 팔 딱
개 구 리 됐 네

텔레비전

정근 작사
정근 작곡

보통 빠르게

텔 레 비 전 에   내 가 나 왔 으 면   정 말 좋 겠 네 – 정 말 좋 겠 네

텔 레 비 전 에   내 가 나 왔 으 면   정 말 좋 겠 네 – 정 말 좋 겠 네

춤 추 고   노 래 하 는   예 쁜 내 얼 굴

텔 레 비 전 에   내 가 나 왔 으 면   정 말 좋 겠 네 – 정 말 좋 겠 네

신데렐라

보통 빠르게

작자 미상

신 데 렐 라 는
어 려 서
부 모 님 을 잃 고
요

계 모 와
언 니 들 에 게
놀 림 을 받 았 더 래
요

샤 바 샤 바
아 이 사 바
불 쌍 한 신 데 렐
라

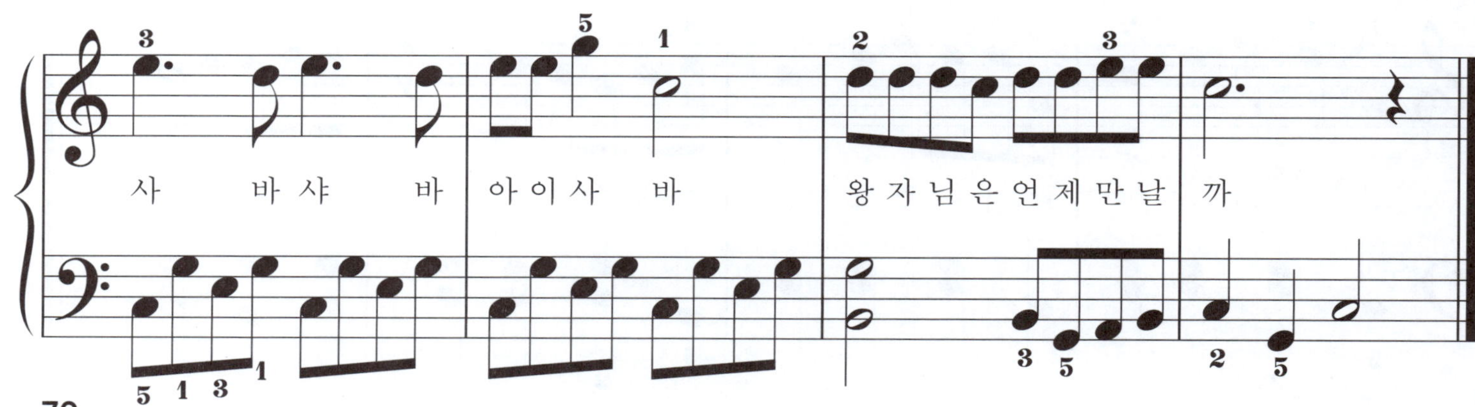
샤 바 샤 바
아 이 사 바
왕 자 님 은 언 제 만 날
까

바나나 차차

로빈 작사
로빈 작곡

보통 빠르게

바 나 나　차 차　바 나 나　차 차　다 같이

랄랄 랄랄 라　차 차　바 나 나　차 차　바 나 나

차 차　다 같이　랄랄 랄랄 라　후　바 나 나　차 차

꿀밤나무 밑에서

보통 빠르게
미국 민요

커 다 란 꿀 밤
나 무 밑 에 서
친 구 하 고
나 하 고

정 다 웁 게
애 기 합 시 다
커 다 란 꿀 밤
나 무 밑 에 서

오라 리

바다가 보이는 마을

조금 느리게
히사이시 조 작곡

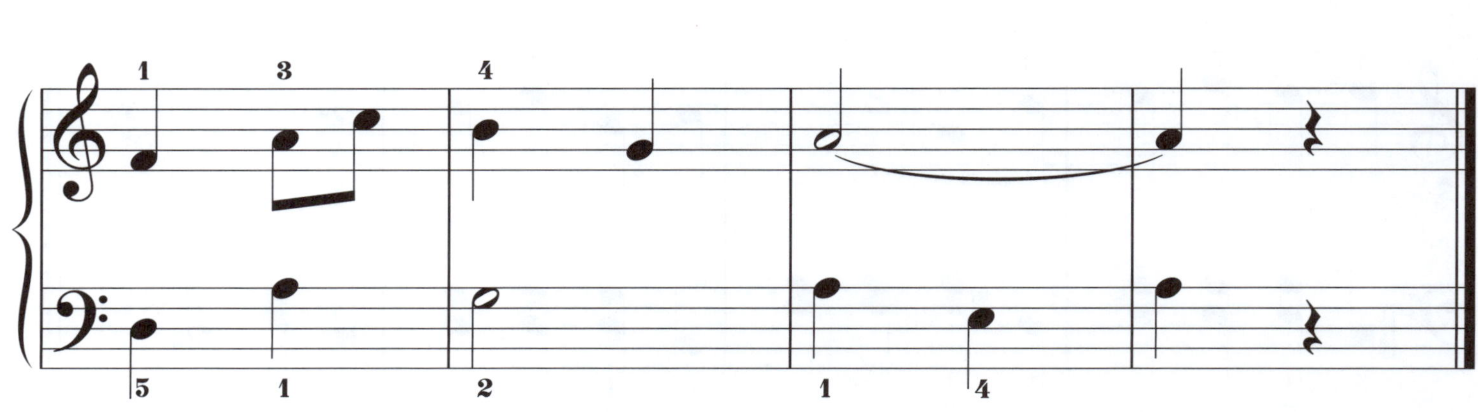

플라잉 페탈스

백조의 호수

차이코프스키 작곡

조금 느리게

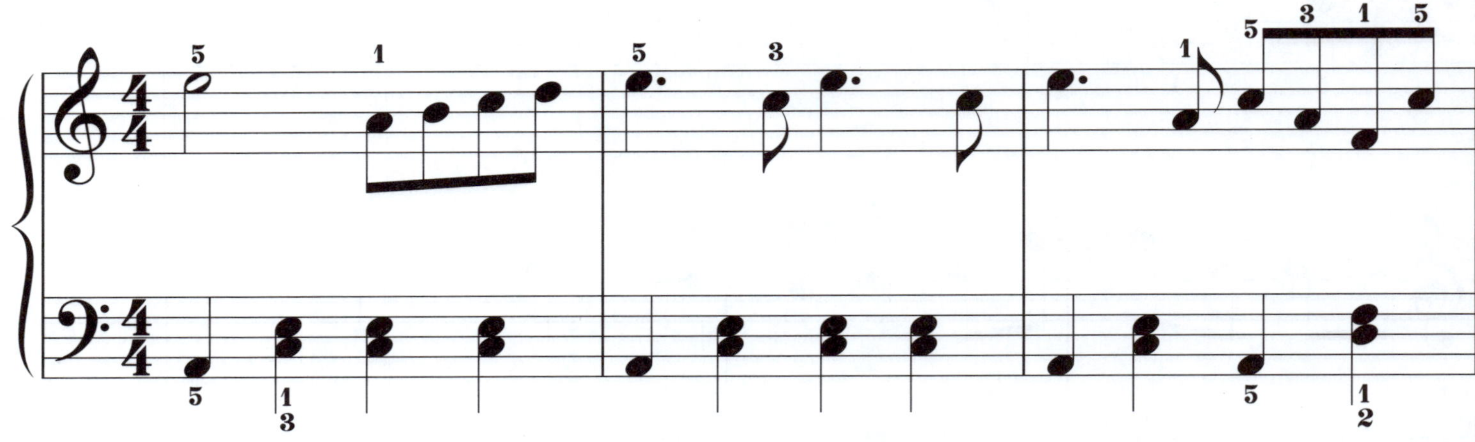

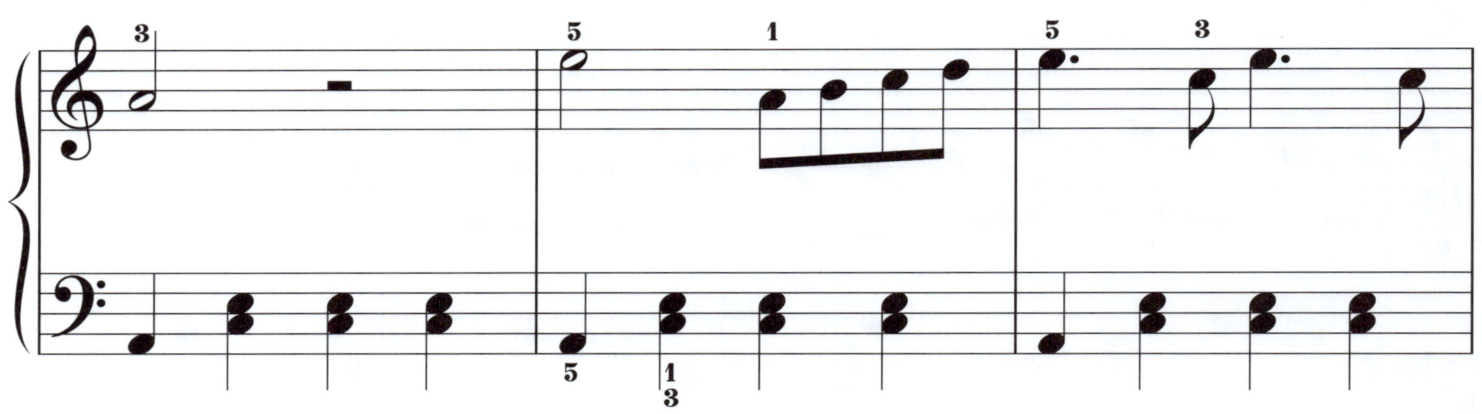

신세계 교향곡

보통 빠르게
드보르작 작곡

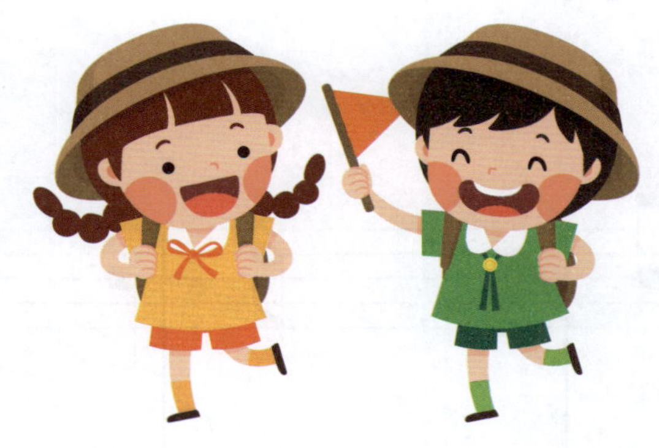

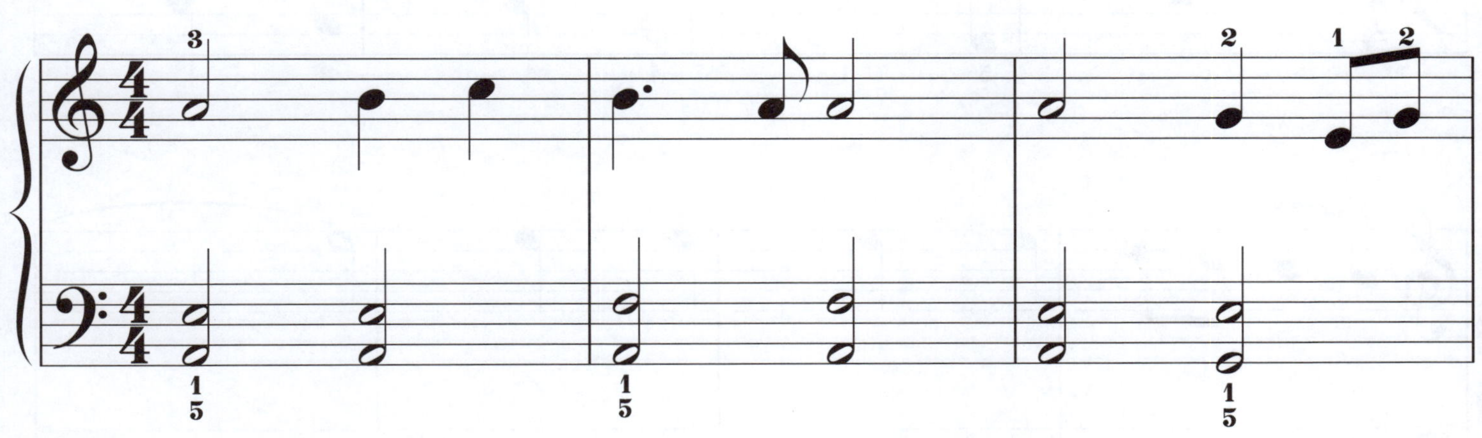

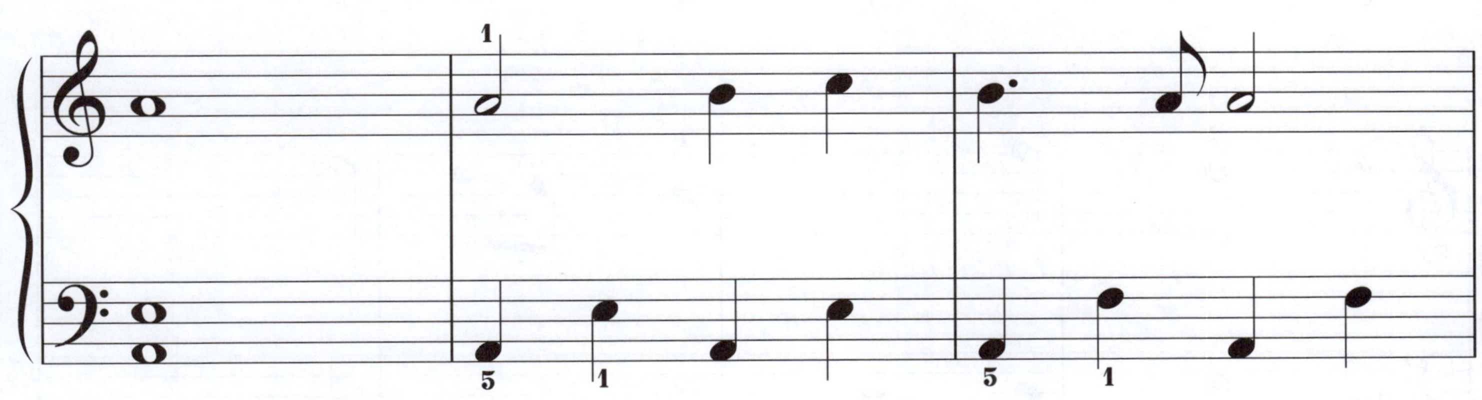

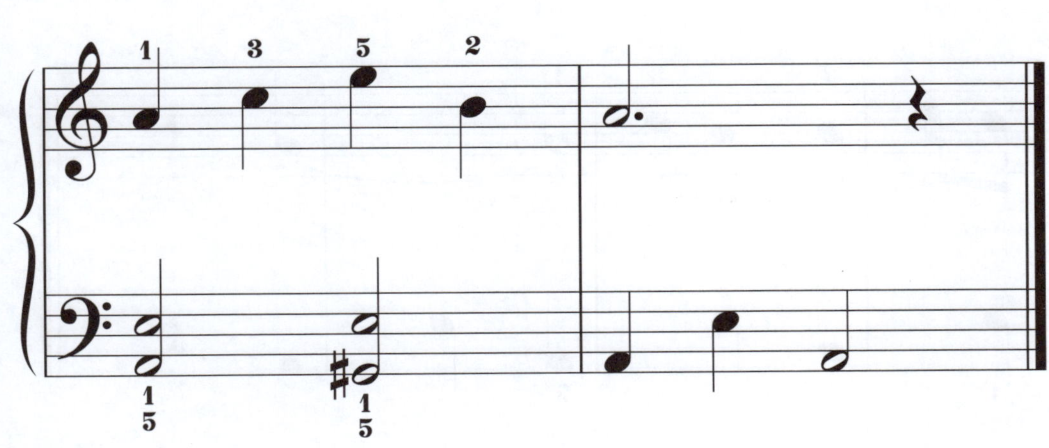

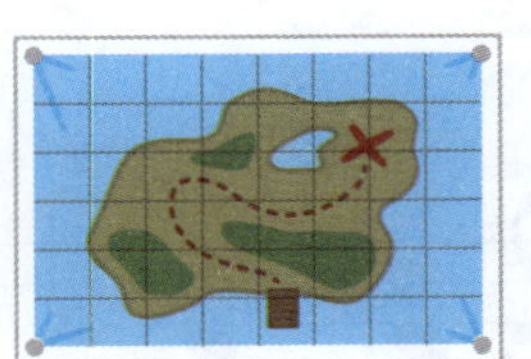

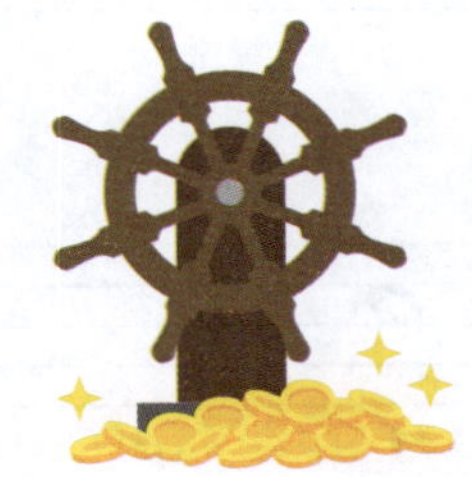

베토벤 바이러스

베토벤 작곡

또 다시
조금 느리게
히사이시 조 작곡

산중호걸

이요섭 작사
이요섭 작곡

보통 빠르게

산   중   호 걸 이 라 하 는   호 랑 님 의

생 일 날 이 되 어   각 색 짐 승   공 ― 원 에 모 여

무 도 회 가   열 렸 네

생일 축하합니다

조금 느리게

밀드레드 힐, 패티 힐 작곡

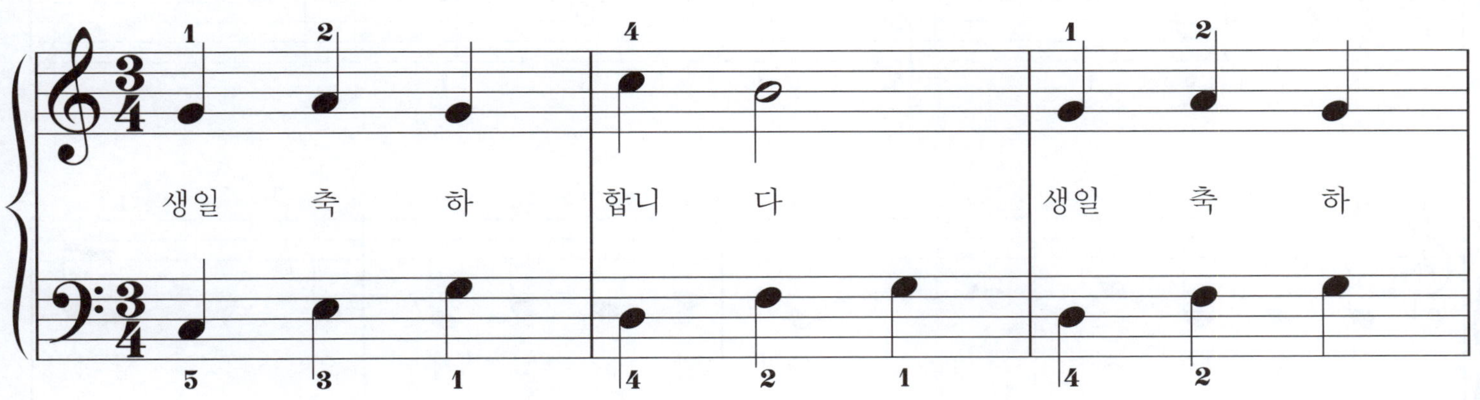

생일 축 하 합니 다 생일 축 하

합니 다 사랑 하 는

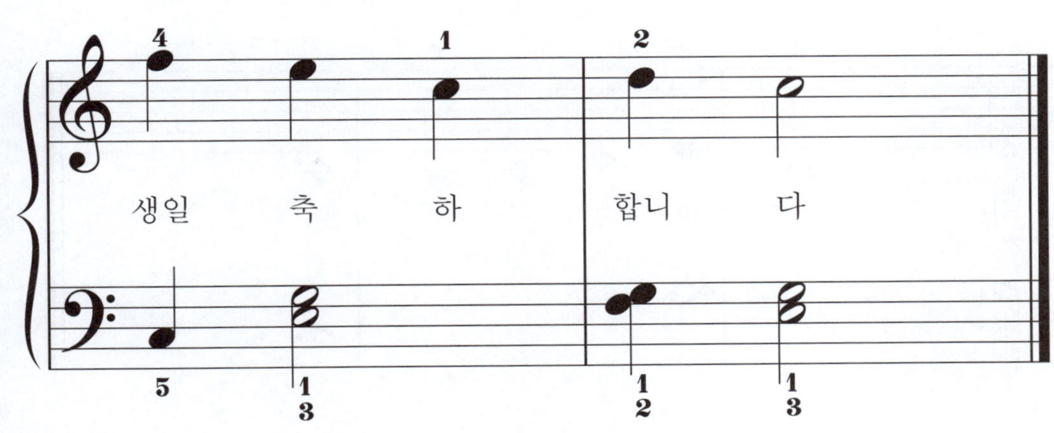

생일 축 하 합니 다

HAPPY BIRTHDAY

당신은 사랑 받기 위해 태어난 사람

이민섭 작사
이민섭 작곡

보통 빠르게

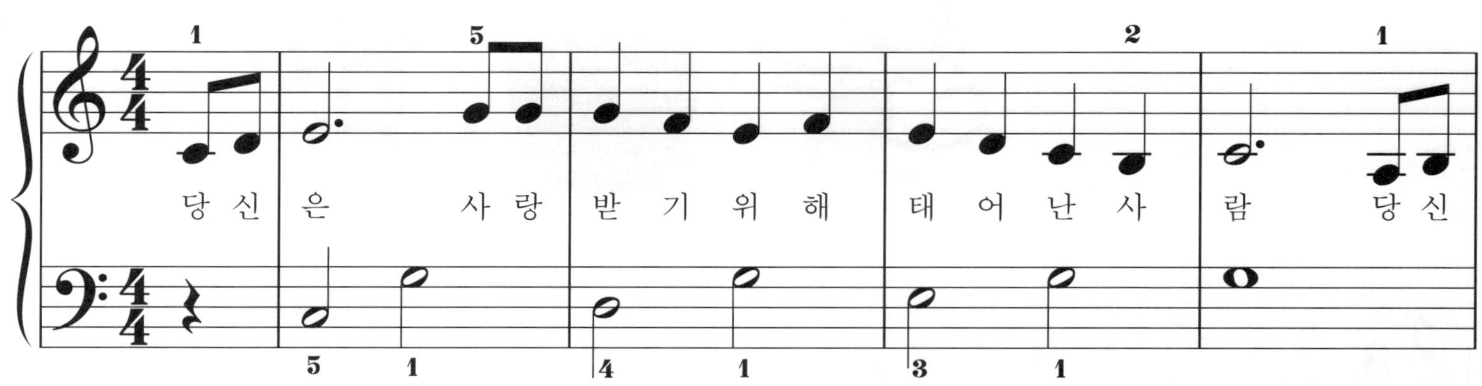
당신은 사랑 받기 위해 태어난 사 람 당신

의 삶 속 에 서 그사랑 받 고 있 지 요 당신

은 사랑 받 기 위 해 태 어 난 사 람 당신

의 삶 속 에 서 그사랑 받 고 있 지 요

숲 속 작은 집

보통 빠르게
작자 미상

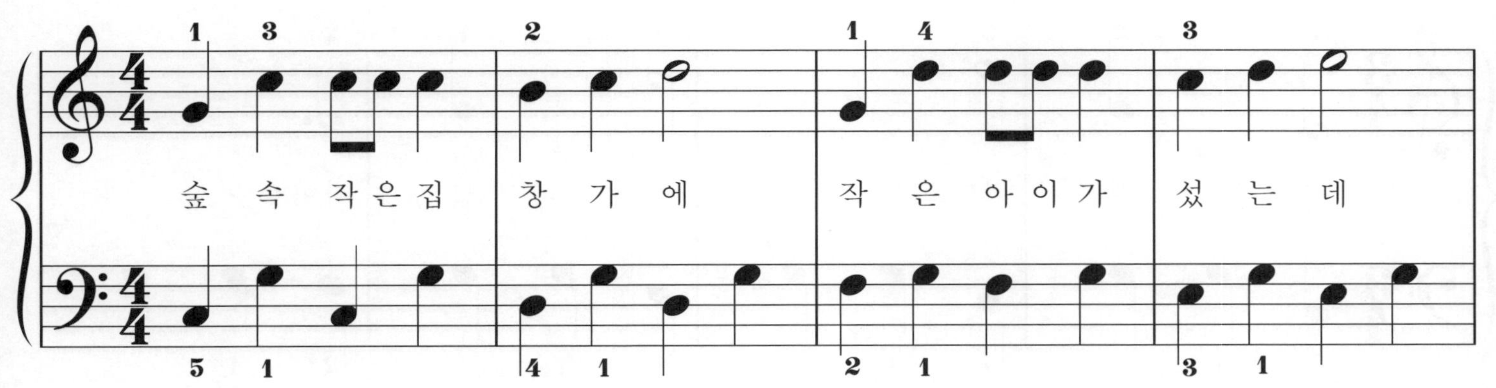

숲 속 작은집 창 가 에 작 은 아 이 가 섰 는 데

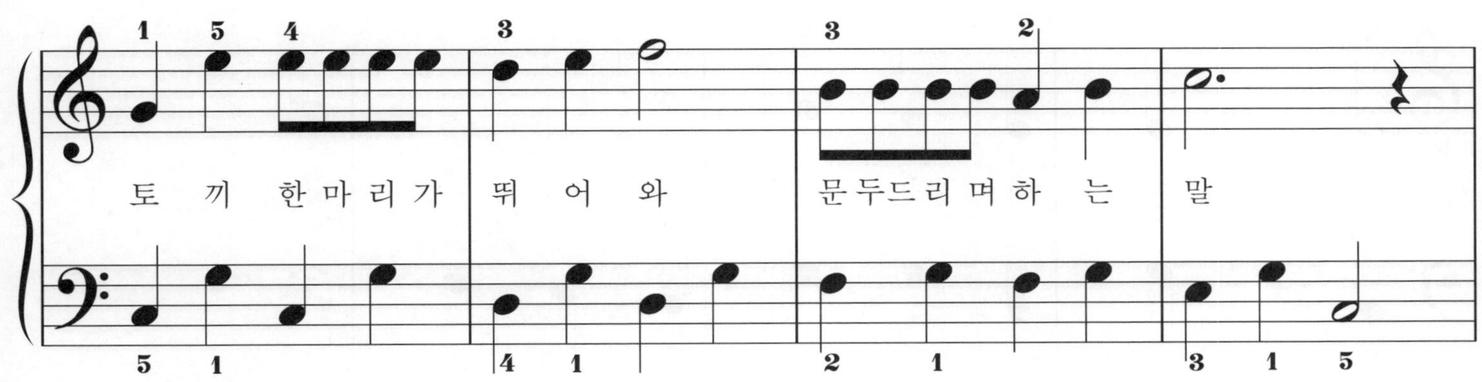

토 끼 한마 리 가 뛰 어 와 문두드리며하 는 말

날좀 살려주세요 날좀 살려주세요 날살려 주지않으면 포수가 빵 쏜대요

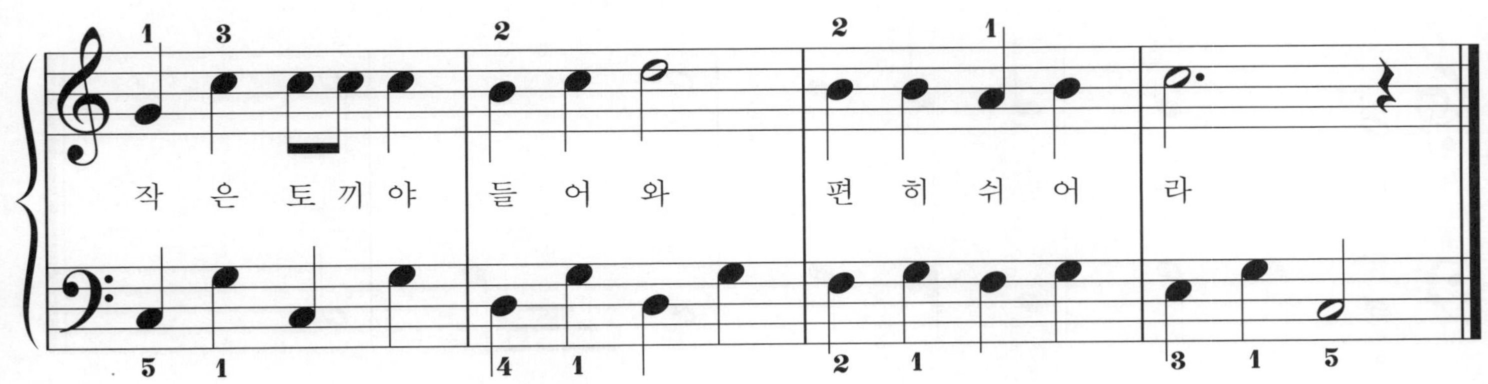

작 은 토 끼야 들 어 와 편 히 쉬 어 라

에델바이스

오스카 헤머스테인 2세 작사
리차드 로저스 작곡

조금 느리게

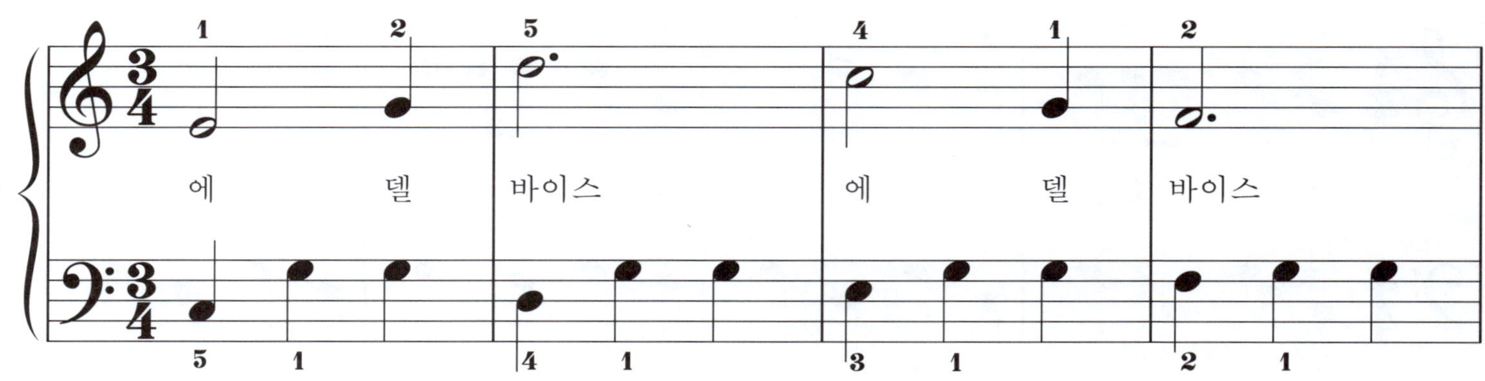
에 델 바이스 에 델 바이스

아 침 이 슬 에 젖 어

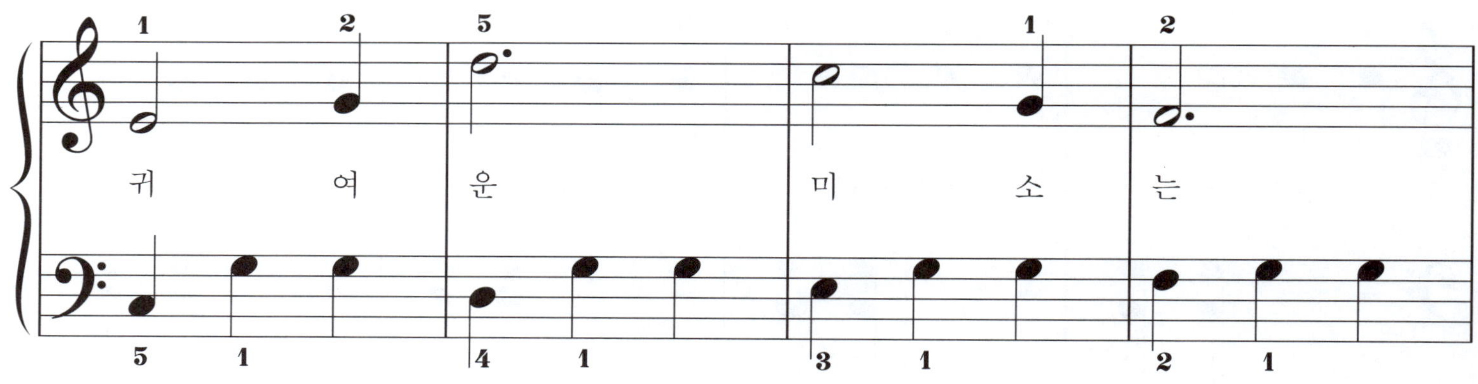
귀 여 운 미 소 는

나 를 반 기 어 주 네

샐리 가든

조금 느리게
아일랜드 민요

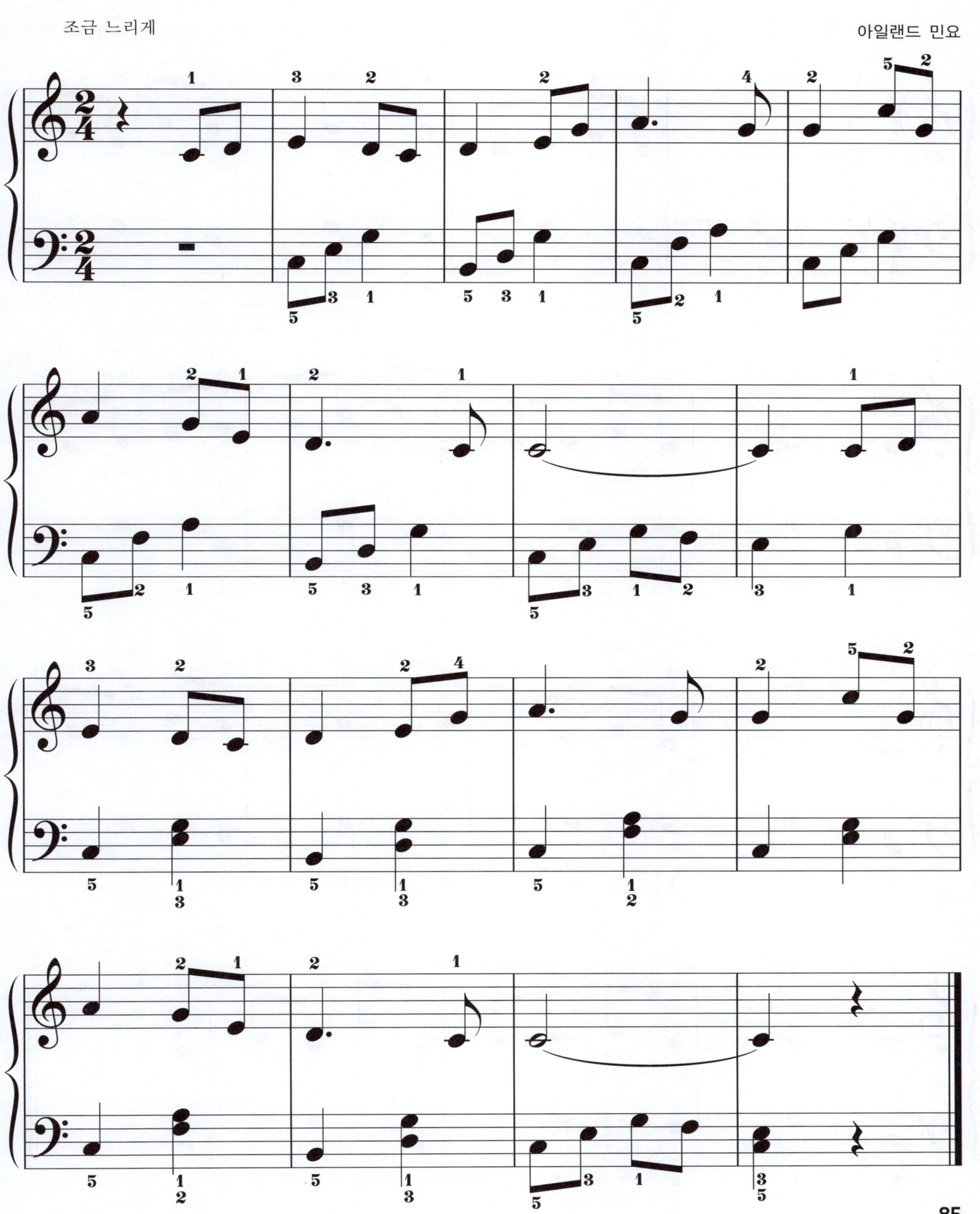

캉캉

보통 빠르게

오펜바흐 작곡

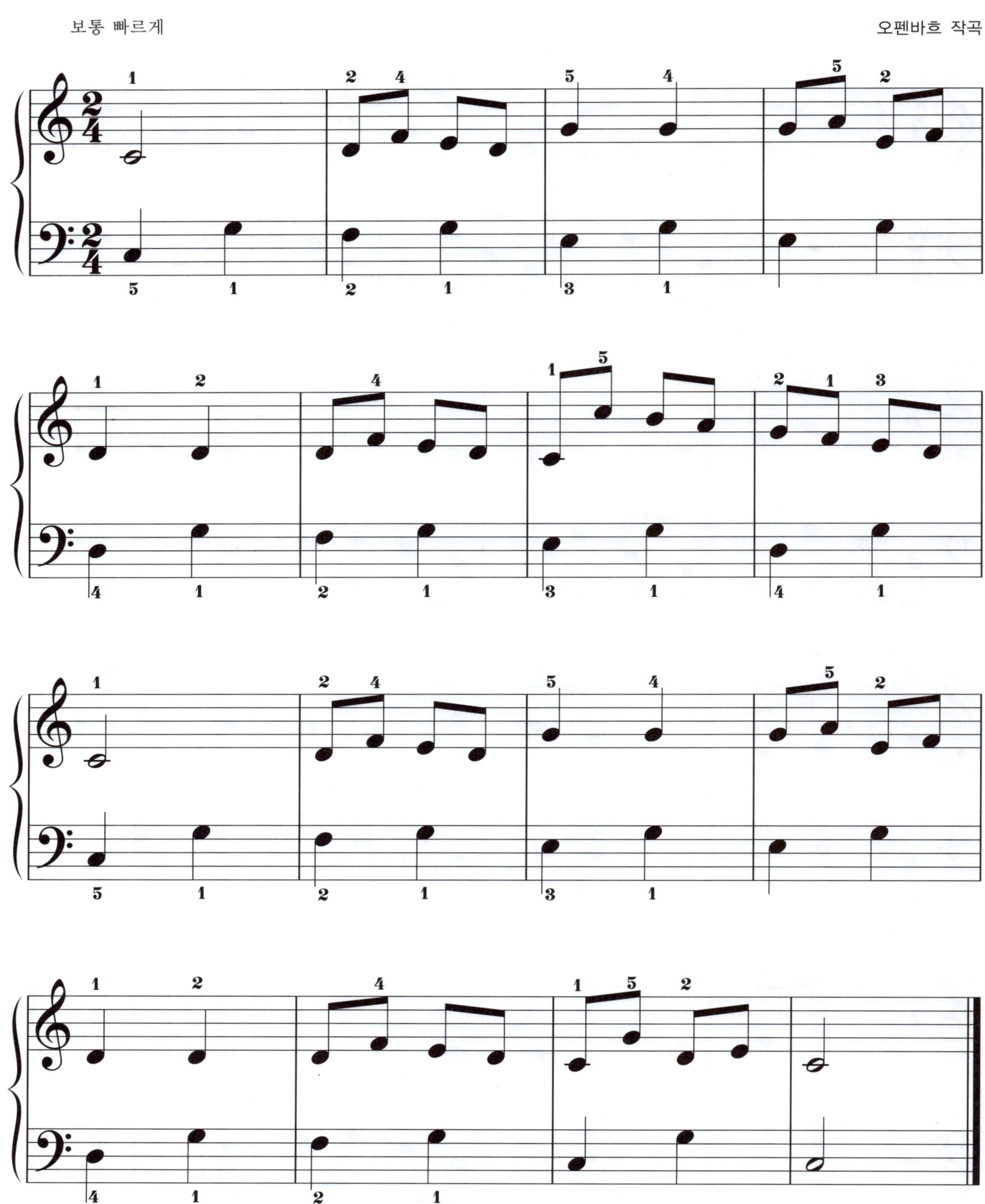

캐논

편저자 | 조지영

- 제주대학교 작곡전공
- 신디사이저 연주자
- 케이팝 피아노 작가(1992~현재)
- 실용반주교육, 연주, 편곡 25년
- 악보공장 가요 드라마OST 채보 편곡
- 에듀클래식 최신곡 연재 15년

최신음악짱 편곡 검수 15년
재즈소곡집 동요곡집 재즈명곡집
케이팝아이돌스타 드라마OST
뉴트로트, 감성가요, 가요반주곡집
케이팝피아노프렌즈 초급, 중급
뉴에이지 피아노솔로 첫걸음 초급, 중급
성인 피아노 레퍼토리 초급, 중급
스튜디오 지브리 OST 피아노 이지, 프로

애니메이션 OST 피아노 이지
영화음악 OST 외국, 한국
피아노팝송 1, 2

냠냠맛있는재즈소곡집 1, 2
냠냠맛있는가요반주곡집 1, 2
꿀잼 재즈소곡집 1, 2
꿀잼 꼬마손 재즈소곡집
마리콘 뉴에이지 1, 2, 3
신비아파트 재즈소곡집 이지 콘서트
조지영의 뉴에이지 초급, 중급, 고급
조지영의 오늘하루 Kpop & OST
감성있는 뉴에이지 초급, 중급, 고급

- 저서 140권 이상 출간

I DO 아이두 재즈 소곡집 1

발 행 일	2025년 9월 15일
발 행 처	아름출판사
주　　소	경기도 고양시 덕양구 독곶이길 171(주교동)
	http://www.armusic.co.kr
전　　화	(031)977-1881~3
팩　　스	(031)977-1885
등　　록	1987년 12월 9일 제2001-7호

편　　저	조지영(piano-jjy@hanmail.net)
발 행 인	성기웅
편 집 인	편집부

본 도서는 무단 복사, 전재할 수 없음(파본은 교환해 드립니다)

ISBN 979-11-987006-7-4　　13670

이 책의 수록곡들은 저작료를 지급한 후에 출판되었으나, 일부 곡들은 부득이하게 저작자 또는 저작권 대리권자에 대한 부분을 찾지 못하였음을 알려드리며 추후 저작자 또는 저작권 대리권자께서 본사로 연락을 주시면 해당곡의 사용에 대한 저작권법 및 저작자 권리단체의 규정에 따라 조치하겠습니다.

아름출판사는 저작자의 권리를 존중합니다.